Wolfgang Halm
Carolina Ortiz Blasco

temas

ejercicios y gramática

Max Hueber Verlag

Verlagsredaktion: Elisabeth Stiefenhofer, Ismaning
Layout: Bettina Crusius, Ismaning
Umschlaggestaltung: Atelier Stark und Klingshirn, München

Halm, Wolfgang
Temas – Un curso de español para avanzados/Wolfgang Halm; Carolina Ortiz Blasco. – München [i.e. Ismaning]: Hueber
NE: Ortiz Blasco, Carolina:
Ejercicios y gramática – 1. Aufl. – 1984.
ISBN 3-19-014055-3

2. Auflage
3. 2. 1. | Die letzten Ziffern
1990 89 88 87 86 | bezeichnen Zahl und Jahr des Druckes
Alle Drucke dieser Auflage können, da unverändert, nebeneinander benutzt werden.

Satz: Fotosatz Weihrauch, Würzburg
Druck: Allgäuer Zeitungsverlag, Kempten · Printed in Germany

ISBN 3-19-014055-3

Inhalt

Die Arbeit mit Temas – Un curso para avanzados

1. Die Texte im Lehrbuch

Die Gespräche und Interviews sind echte Gespräche und Interviews; die Artikel aus Zeitungen und Zeitschriften sind gelegentlich gekürzt, aber kaum verändert. Und daß die Texte bekannter Autoren Spaniens und Lateinamerikas nicht verändert wurden, versteht sich wohl von selbst. In einem Punkt, der für Sie als Lernenden wichtig ist, unterscheiden sich jedoch die Texte:

- Viele Texte, wie zum Beispiel Text 1 „Vivir de un buen sueldo", enthalten fast nur wichtige, nützliche Wörter, die Sie unbedingt kennen, lernen, anwenden sollen. (Sie erkennen das in „Temas – Vocabulario" am **halbfetten** Druck dieser Wörter.)
- Andere Texte sind interessant, reizen zur Diskussion, informieren usw., aber sie enthalten weniger von dem Grundwortschatz, den Sie lernen sollten, wie zum Beispiel Text 6 „Incas, aztecas y mayas". (Allerdings konzentrieren sich auch die Übungen zu solchen Texten auf den Grundwortschatz.)

2. Die Hinweise auf die grammatischen Strukturen

Zu jedem Text finden Sie im Arbeitsbuch zunächst eine Zusammenstellung „Fíjese en las siguientes estructuras gramaticales". Sie zeigt Ihnen, welche wichtigen Strukturen in dem Text enthalten sind, zum Beispiel in Text 1:

1. el ama de casa – un ama de casa –
   las amas de casa Gr. 17.4.

Wenn Sie weitere Beispiele oder eine Erläuterung dazu suchen, folgen Sie dem Verweis auf die „Grammatik im Überblick" im Arbeitsbuch. Dort finden Sie in Absatz 17.4 eine kurze Erklärung und ein weiteres Beispiel: el hambre – mucha hambre. (Bei dieser Gelegenheit können Sie gleich mehr in Kapitel 17 lesen und dabei im Überblick alles wiederholen, was Sie über Artikel und Substantiv wissen.)

3. Die Hinweise auf wichtige Ausdrücke für das Gespräch

Unter dem Titel „Fíjese también en estas expresiones" finden Sie vielseitig verwendbare Ausdrücke und Floskeln, die Ihr Spanisch allmählich „echt" werden lassen. Schauen Sie noch einmal genau, wie diese Ausdrücke im Textzusammenhang verwendet werden, und versuchen Sie, sie selbst anzuwenden.

4. Die Übungen

Das Arbeitsbuch enthält über 400 Übungen, die sich in den Beispielen und Aufgaben weitgehend auf den Grundwortschatz beschränken.

- Über 200 eng gesteuerte Übungen geben Ihnen Gelegenheit, systematisch und kontrolliert den Grundwortschatz und die wichtigsten grammatischen Strukturen zu lernen und anzuwenden. Ihr äußeres Kennzeichen ist ein eckiger Rahmen: [Vocabulario] .
- Ebenfalls über 200 Übungen sind freier angelegt und lassen Ihnen Raum für Phantasie, spontane Einfälle und vor allem für ganz persönliche eigene Aussagen. Ihr äußeres Kennzeichen ist ein abgerundeter Rahmen: (*Expresarse*)

Lernen Sie nun am Beispiel von Übungen zu Text 1 „Vivir de un buen sueldo" verschiedene Kombinationen von Übungsinhalt und Übungsziel kennen:

1. *Comprender* Preguntas sobre el texto. Die Übung sichert Ihr Verständnis des Textes, läßt Ihnen aber auch die Freiheit, das, was Sie verstanden haben, noch einmal selbst zu formulieren. (Zu anderen Texten gibt es auch reine ja/nein-Verständnisfragen.)

2. **Gramática** ¿Qué se le ocurre para completar estas frases? Sie üben eine bestimmte Struktur - *Lo que ... es ...* -, (obwohl Sie dann noch frei die Sätze variieren können).

6. *Expresarse* Hier sprechen Sie frei von Ihrer eigenen Wohnung. Einen Teil des nötigen Wortschatzes werden Sie kennen, die beigegebene Liste soll die Erinnerung stützen und den Wortschatz erweitern. Falls Ihnen ein wichtiges Wort fehlt, fragen Sie den Kursleiter oder schlagen Sie im Lexikon nach.
Der zweite Teil der Übung führt wieder streng kontrolliert zur Anwendung einer grammatischen Struktur: *Presente de subjuntivo.*
Gramática

7. *Discutir* Hier können Sie mit viel Phantasie die Vor- und Nachteile verschiedener Wohnungen diskutieren.

8. *Discutir* Ein Rollenspiel - *una dramatización* -, in dem es darum geht, daß Sie eine Meinung vertreten, die anderen zu überzeugen versuchen oder erklären, warum Sie sich nicht so leicht überzeugen lassen.

10. *Opinar* Auch hier kann und soll es zur Diskussion kommen. Der Unterschied zum Rollenspiel (vgl. Übung 8) liegt darin, daß Sie nicht eine fremde Rolle spielen, sondern sich noch mehr mit dem identifizieren können, was Sie sagen.

11. *Comprender* Hier geht es um Ihr Hörverständnis. Ihre Antworten sollen Sie frei formulieren. Den Text hören Sie über Cassette (Hueber-Nr. 4.4055).
Diese Beispiele aus den Übungen zu Text 1 zeigen nicht alle möglichen Kombinationen und Übungsformen. Sie werden es Ihnen aber ermöglichen, im Arbeitsbuch jeweils auf einen Blick zu sehen, worum es in jeder Übung geht.

5. Die Grammatik im Überblick

Die Aufgabe dieses Überblicks ist unter Punkt 2 kurz beschrieben. Eine vollständige Kurzgrammatik soll dieser Teil nicht sein, er müßte sonst allzu viel wiederholen, was Sie in Ihrem Anfängerkurs - etwa mit „Kontakte Spanisch" - schon gelernt haben.

6. Das Verzeichnis der systematischen Übungen

Wenn Sie ein bestimmtes Grammatikproblem gezielt üben wollen, ermöglicht es Ihnen dieses Verzeichnis (S. 229), die entsprechenden Übungen schnell aufzufinden.

unidad 1

1 Vivir de un buen sueldo

Fíjese en las siguientes estructuras gramaticales:

1. **el ama** de casa – un ama de casa – las amas de casa	Gr. 17.4
2. ¿Me **podrías** explicar . . .? – poder: podrás – podrías. ¿No le **convendría** más . . .? – conviene – convendrá. Le **saldría** aún más caro. – salir – saldrá – saldría	Gr. 5.1
3. Es **lo que** se podría llamar un buen sueldo. **Lo que** gano yo con mis clases . . .	Gr. 23.2
4. Tenemos que **ir dejando** de lado 40.000 pesetas para **ir pagando** el préstamo.	Gr. 12.1
5. **Me despido** de mil pesetas. – despedirse, pedir, etc.	Gr. 1.5
6. **algo que les llene** el estómago	Gr. 16.7
7. **Como vivimos** a 30 kilómetros . . . – como: porque	Gr. 26.1

Fíjese también en estas expresiones.

Intente usarlas en sus conversaciones para darles más naturalidad. Imagínese para cada expresión algunas situaciones en que la pueda emplear.

- Bueno, yo . . .
- Pues entonces (viviréis bien), ¿eh?
- La primera vez que . . .
- Pues verás/verá Vd.
- Y eso que (no como mucho).
- . . ., o sea (que) . . .
- Eso no tiene remedio.
- ¿Cuántos . . . al día/a la semana?
- ¿En qué consiste . . .?
- . . . o algo así.
- Lo de (la fruta . . ., lo de las niñas . . .)
- ¿No le convendría más . . .?
- No me conviene.
- Ni hablar.
- Me sale muy caro/barato.

1 Comprender

Preguntas sobre el texto

- Inés es un ama de casa «muy organizada». ¿Qué significa esto?
- ¿Con cuánto dinero cuenta ella al mes?
- ¿En qué trabaja ella?
- ¿Tiene su marido un buen sueldo?
- ¿Cuánto le cuesta el piso y la comida?
- ¿Qué es el Pryca y qué compra allí?
- ¿Qué ventaja le ofrece el Pryca?
- ¿En qué consiste la compra diaria?
- ¿Qué les gusta y qué no les gusta comer a las hijas? ¿Comen mucho o poco?
- La comida tiene que ser «de peso». ¿Y la cena?
- ¿Por qué le sale tan cara la educación de las niñas?
- ¿Cómo va su marido al trabajo? ¿Por qué?
- ¿Qué más gastos tienen?
- ¿Qué dice de la ropa?
- ¿Qué dice de su coche?
- ¿Cuánto dinero le queda para ahorrar?

2 Gramática

¿Qué se le ocurre para completar estas frases?

a. Lo que gano yo es . . .
b. Lo que no entiendo bien es . . .
c. Lo que compra Inés en el Pryca . . .
d. Lo que le queda para ahorrar . . .
e. Lo que es caro . . .
f. Lo que es relativamente barato . . .
g. Lo que no les gusta a las hijas . . .

3 Expresarse

¿Qué se le ocurre para completar estas frases?

a. Inés no puede ahorrar prácticamente nada, y eso que . . .
b. Para la compra diaria necesita 40.000 pesetas, y eso que . . .
c. Las niñas comen dos filetes cada una, y eso que . . .
d. Inés tiene que gastar bastante para la ropa, y eso que . . .
e. La ida y vuelta diaria de su marido les cuesta 15.000 pesetas al mes, y eso que . . .
f. (Añada Vd. algunas frases con «. . ., y eso que . . .», hablando de Vd. mismo).

4 Gramática

Poco a poco pagan el piso. Van pagando el piso.

a. Poco a poco aprendemos español.
b. Poco a poco, los precios suben.
c. Poco a poco, preparamos las vacaciones.
d. Poco a poco, ahorramos dinero para comprarnos un coche.
e. Poco a poco, lo comprendo todo.
f. . . .

5 Gramática

Inés les da algo que . . . (llenarles el estómago).
Inés les da algo que les llene el estómago (porque si no, después le comen tres filetes . . .).

Formen Vds. las frases convenientes, completándolas luego según sus propias ideas.

a. Les dice a sus hijas que se casen con un chico que . . . (tener un buen puesto).
b. Pepe sólo quiere casarse con una chica que . . . (ser un ama de casa bien organizada).
c. Tú cómprate un coche que . . . (no hay que llevarlo al garaje frecuentemente).
d. Estoy buscando un piso que . . . (no estar lejos de mi oficina).
e. Además debe ser un piso que . . . (no ser demasiado caro).
f. Necesito para mi trabajo un chico o una chica que . . . (escribir bien a máquina).

6 *Expresarse*

a. ¿Qué puede Vd. contar a sus compañeros acerca del piso en que vive?

A lo mejor le sirven estas frases:

- alquilar/comprar
- un piso/un apartamento/una casa
- un apartamento amueblado
- tener balcón/terraza/jardín
- tener 2 habitaciones/2 dormitorios
- tener más de 70 metros cuadrados
- estar en el centro/en los alrededores
- estar cerca de/lejos de/a 5 minutos de
- estar en los alrededores de la ciudad
- costar . . . al mes
- dar a un jardín/dar a un patio

b. Hablen Vds. ahora de un piso que quieren tener:

Busco un piso que tenga . . .
Busco un piso que sea . . .
Busco un piso que esté . . .

7 *Discutir*

Imagínese que Vd. está buscando piso.
Le ofrecen varios (vea los planos).

- Explique Vd. cuál de los 3 pisos sería el más adecuado para su familia y Vd.
- Estudie los 3 planos y explique lo que le gusta y lo que no le gusta de cada uno.
- Imagine Vd. una serie de preguntas que haría Vd. a la agencia para formarse una idea más concreta del piso, las ventajas y los posibles inconvenientes.

▼ *Apartamento 1: 30 m²*

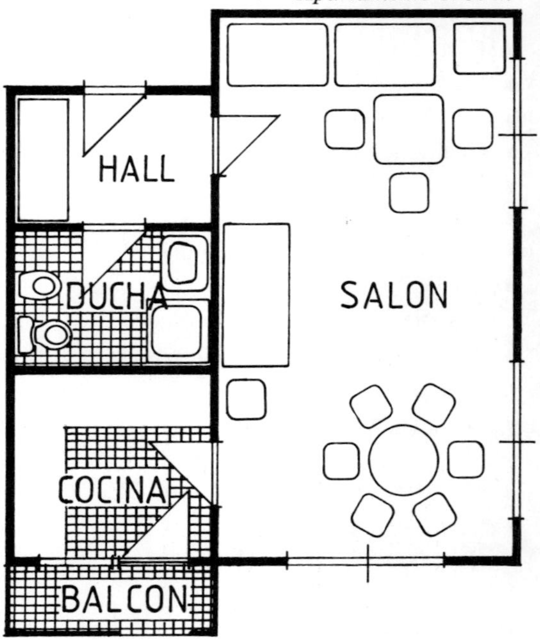

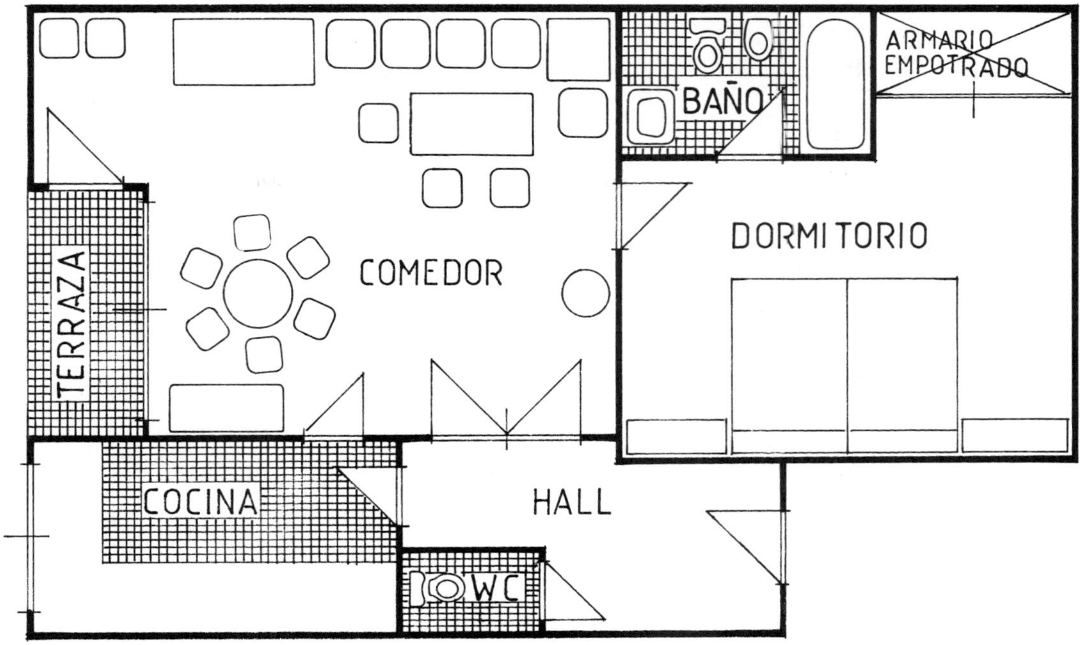

▲ *Piso 2: 68 m²*

▼ *Piso 3: 121 m²*

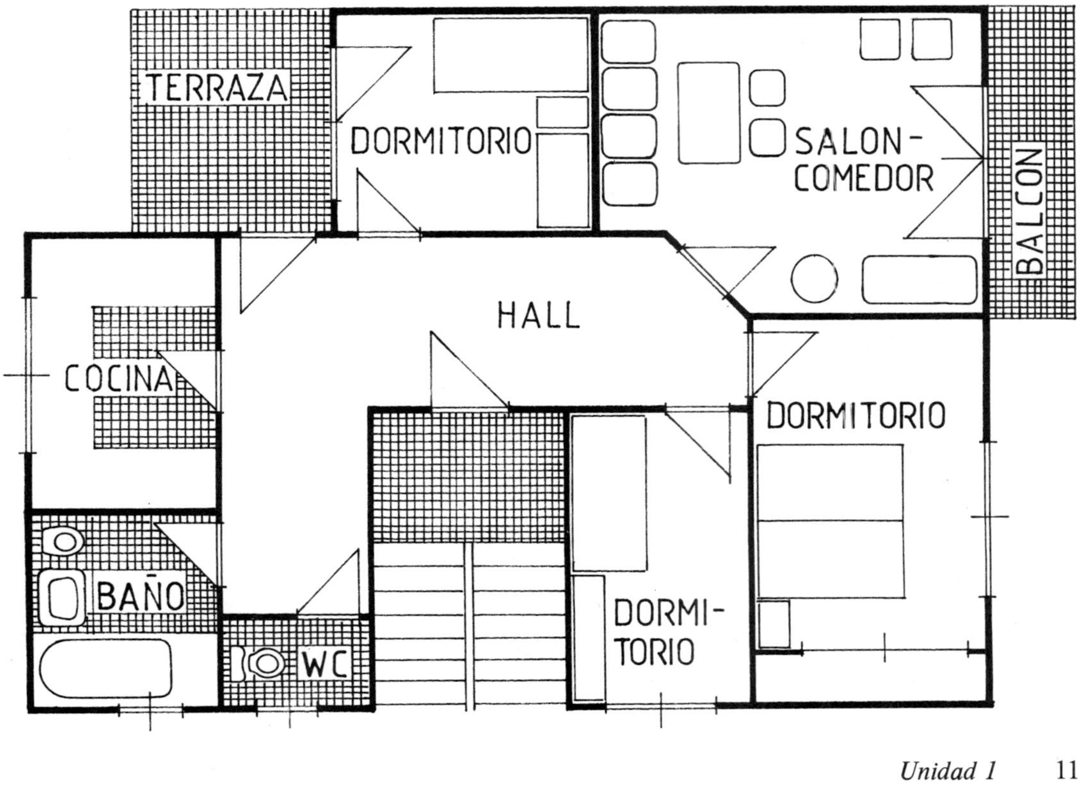

8 *Discutir*

La señora A compra principalmente en un supermercado muy grande, la señora B prefiere más bien las tiendas del barrio.
C también da su opinión y añade argumentos.
Intente identificarse con A, B o C.

9 *Discutir*

El marido, A, va todos los días al trabajo en coche, recorriendo 30 kilómetros. Su mujer, B, intenta convencerle para que tome el autobús o el tren. Los amigos, C, toman parte en la discusión y hablan de sus propias experiencias. Intente Vd. identificarse con A, B o C.

10 *Opinar*

- El marido de Inés es abogado y tiene un buen cargo. ¿Cree Vd. que un señor así en su país gana más o menos el mismo sueldo? ¿Sabe Vd. algo sobre salarios en su país (por ejemplo, de un ministro, de un peluquero, de un soldado)?
- ¿Qué ventajas tiene un trabajo como el de Inés?
- La gente en nuestro país que se compra un piso, ¿cómo suele pagarlo?
- ¿Gasta Vd. también una cuarta parte de su dinero en el pago de su vivienda?
- ¿Cómo organiza Vd. sus compras?
- Hay cosas que no les gustan a las hijas de Inés. ¿Le parece bien obligar a los hijos a comer cosas que no les gustan?

11 *Comprender*

Escuche un trozo de la conversación con Inés, en que habla de su tiempo libre.

- ¿Qué hace Inés los viernes?
- ¿Qué les gusta hacer a los otros del grupo?
- ¿Y qué dice Inés a este respecto?
- ¿Le sale muy caro salir una noche con el grupo?
- ¿Qué toman, por ejemplo?

12 *Comprender*

Escuche otro trocito de la conversación con Inés en que sigue hablando de su tiempo libre.

- ¿Practica la familia algún deporte?
- ¿Van de vez en cuando al teatro o a alguna exposición?
- ¿Qué dice del cine del pueblo?
- ¿Dice (directa o indirectamente) algo sobre las películas que hay en ese cine?

2 Así se gasta el presupuesto familiar

	Familia campesina	Familia urbana	Total nacional
Alimentación y bebidas	52,32	42,14	44,20
Vestido y calzado	7,60	7,90	7,70
Vivienda	12,35	14,82	14,91
Gastos de casa	5,98	8,59	8,13
Sanidad	3,01	2,46	2,64
Transp. y comunicaciones	7,84	10,22	9,35
Esparcimiento y cultura	3,48	5,30	4,90
Enseñanza	1,55	2,56	2,23
Otros gastos	5,87	6,01	5,94

1 *Opinar*

- ¿En qué gastos cree Vd. que hay diferencias entre la vida familiar española y la de su país?
- ¿En qué se gasta Vd. más al mes?
- Si tuviera Vd. que ahorrar, ¿a qué renunciaría Vd. primero?
- ¿Para qué cree Vd. que ahorra especialmente la gente?
- ¿Ahorra Vd. sistemáticamente? ¿Para qué?/¿Por qué no?

Frases y palabras que le pueden servir para esta conversación:

- gastar más/menos en (la comida)
- dar mucha/poca importancia a . . .
- no poder vivir sin (coche)
- me cuesta mucho (ahorrar)

3 Comer en España

Fíjese en estas estructuras gramaticales:

1. **evidente-mente** (adverbios)	Gr. 18.6
2. **el más conocido**	Gr. 18
3. **el** (chiste) **del** bilbaíno	Gr. 17.2
4. **contestó que podría**	Gr. 15

Fíjese también en estas expresiones.

Intente usarlas en sus conversaciones, para darles más naturalidad.

- evidentemente – es evidente – claro está
- No lo niega nadie.
- suele ser . . ., suelen ser . . .
- Se me presentaron una serie de posibilidades.
- Es capaz de hacerlo.
- No quiere quedarse atrás.
- A la larga, . . .
- No aguanto (la comida, la temperatura, a una persona . . .)
- Aparte de eso, . . .
- ¿A qué se debe esto?
- Se debe a diferentes cosas . . .

1 Comprender

¿Es esto lo que quiere decir el texto?

- La mejor comida española es la del país vasco.
- La calidad de la cocina vasca se debe, en parte, a las materias primas.
- Todos los españoles tienen la costumbre de salir mucho a comer y cenar.
- Los catalanes suelen comer poco.
- Los andaluces prefieren tomar «tapas».
- El gazpacho refresca, pero no da energía.
- Un cocido o una paella no tienen que ser necesariamente caros.

2 Gramática

constantemente – enormemente – especialmente – evidentemente – fácilmente – generalmente – increíblemente – internacionalmente – normalmente – probablemente

a. El arroz, las patatas y los garbanzos se encuentran ________________ por todas partes.
b. En Andalucía ________________ no toman grandes comidas, como en el norte.
c. La buena cocina depende ________________ de las materias primas: carnes, pescados, legumbres . . .

d. El coste de vida ha subido ________________ en los últimos años.
e. La paella es el plato español más conocido ________________ .
f. La paella es ________________ el plato español más conocido en el extranjero.
g. La cocina vasca se considera ________________ como la mejor de España.
h. Los restaurantes vascos son ________________ los mejores de España.

3 Gramática

Un chiste muy conocido *es el de* un bilbaíno.

a. La mejor cocina española es ________________ País Vasco.
b. Las mejores vacas son ________________ norte.
c. Los mejores pescados son ________________ Cantábrico.
d. Lo más interesante de la comida fue ________________ pescado (o simplemente: fue el pescado).
e. La receta que me interesaría tener es ________________ gazpacho.
f. . . .

4 Gramática

Pepe dice: – *Podré venir.*
Vd. cuenta lo que hoy le ha dicho Pepe:
– Pepe ha dicho que podrá venir.

a. Vendré a comer.
b. Os invitaré el domingo.
c. Os diré la hora exacta.
d. Os voy a decir lo que habrá de comer.
e. Os prepararé un auténtico cocido madrileño.
f. Ya veréis lo que haré de postre.
g. Tendré un buen vino de la Rioja.
h. Desde luego, después de una comida así, no faltará el café y el coñac.

Y ahora, un día después, cuente Vd. lo que le dijo Pepe ayer:
– Pepe dijo que podría venir.

5 Expresarse

Háganse Vds. estas preguntas y contéstenlas:

a. La cocina vasca es buenísima. ¿A qué se deberá?
b. En Cataluña no hay tantos restaurantes de primera categoría. ¿A qué se deberá?
c. Hay gente a la que le sienta mal la fabada asturiana. ¿A qué se deberá?
d. El gazpacho es sanísimo. ¿A qué se debe?
e. . . .

6 Vocabulario

Distinga Vd. bien:
Me quedo una hora.
Me queda una hora.

a. He gastado todo el dinero.
________________ sólo cien pesetas.
b. Pepe no quiere salir hoy.
________________ en casa.
c. Carmen tiene que ahorrar.
No ________________ más remedio.
d. Mis hijas están cansadas, pero no quieren ________________ atrás.
e. Me gustaría tomar un café contigo, pero no ________________ tiempo.
f. Mis hijos lo han comido todo.
No ________________ absolutamente nada.

7 *Expresarse*

Vd. está invitado a cenar en casa de una familia española. ¿Qué podría Vd. decir en estas situaciones?

a. ¡Pero si Vd. no come nada!
   (Vd. explicará por qué no come más).
b. ¿Un poco más de vino?
   (Vd. ha venido en coche).
c. Tiene que probar Vd. el coñac, es un coñac español buenísimo . . .
   (Imagínese Vd. tanto una contestación positiva como una negativa).
d. ¿Pero ya se quiere ir Vd.?
   (Explique Vd. por qué y despídase . . .)

8 *Discutir*

La persona A, que va conduciendo, quiere llegar hasta el final del viaje sin pararse. Faltan todavía 200 kilómetros. B quiere que se paren para comer y moverse algo. C, un amigo, también propone algo. A ver si se ponen de acuerdo o encuentran un compromiso.
Intente Vd. identificarse con A, B o C.

9 *Opinar*

- ¿Qué comidas españolas conoce Vd.?
- ¿Se pueden preparar también en nuestro país?
- ¿Qué le va más a Vd. en verano, la comida fuerte del norte o las tapas, los «chatos» (vasitos de vino), las «cañas» (cervecitas) . . .?
- ¿Le da mucha importancia Vd. a la comida? ¿Qué le gusta comer? ¿Y beber?
- ¿Hay algo que le dé asco?

Frases y palabras que le pueden servir:

- es un plato ligero/pesado
- me gusta la cocina rápida/sencilla
- tomo las bebidas con hielo/sin hielo
- no puedo comer (cerdo)
- no me sienta bien (el cerdo)
- tengo que guardar régimen
- me gustaría estar más delgado
- el pan, el panecillo, la tostada
- la mermelada, la miel
- el aceite, el vinagre, la sal, la pimienta
- el arroz, las patatas, las pastas
- *carnes:* la vaca, la ternera, el cerdo, el cordero
- *verduras:* las judías, los guisantes, los pimientos
- *frutas:* el plátano, el melón, la cereza, la pera, la manzana, la naranja
- la fruta está madura/verde
- *postres:* queso, flan, pastel

10 *Comprender*

Imagínese que Vd. hace esta pregunta a una amiga española:

– *Yo voy la semana que viene la primera vez a Madrid y tendré tres días más o menos libres. ¿Qué me recomendarías hacer?*

Escuche la cinta. (Si hace falta, escúchela más de una vez).

- ¿Qué dice su amiga de algunos alemanes?
- ¿Qué dice de Madrid?
- ¿Qué es lo que hay que ver, según ella?

- ¿Qué tipo de comida le gusta a ella?
- ¿Qué le puede pasar a Vd.?
- ¿Qué le recomienda al final?
- ¿Cree Vd. que todo esto lo dice en serio o «le toma el pelo»?

unidad 2

5 El 12 de octubre de 1492

Fíjese en estas estructuras gramaticales:

1. **Hubo** el encuentro de dos mundos. – haber/hay: **hube/hubo** (poder: **pude/pudo**) — Gr. 6.2

2. No **había** España, no **había** América. **Hubo** el encuentro de dos mundos que **estaban** en dos momentos diferentes de su evolución. — Gr. 14.2

Fíjese también en estas expresiones e intente usarlas en sus conversaciones:

- Estamos perdidos.
- Ahora que hemos encontrado el camino ...
  Ahora que ya tenemos dinero ...
- Esto no se puede comparar con ...
- Esto me recuerda algo.
- Apenas hay árboles por aquí.
- tanto nosotros como vosotros ...
- por las buenas o por las malas

1 Comprender

Preguntas sobre el texto

- ¿Qué vieron los hombres de Colón en la mañana del 12 de octubre de 1492?
- Póngase Vd. en su lugar. ¿Qué significó para ellos?
- ¿Cómo reaccionaron a lo que vieron?
- ¿Qué aclara el autor sobre el momento del descubrimiento, sobre España y sobre América?
- Los hombres de las carabelas, ¿qué tenían en común? ¿Qué diferencias había?
- ¿Cómo define el autor el continente americano?
- ¿Qué consecuencia tuvo el descubrimiento tanto para los descubridores como para los indígenas?

2 Vocabulario

Ponga las palabras correspondientes, según el ejemplo:

comenzar	*el comienzo*
comparar	________
________	el recuerdo
________	la canción
descubrir	________
________	la comprensión
________	el encuentro
llegar	________
________	la recepción
continuar	________
________	la recomendación
organizar	________
________	la conserva

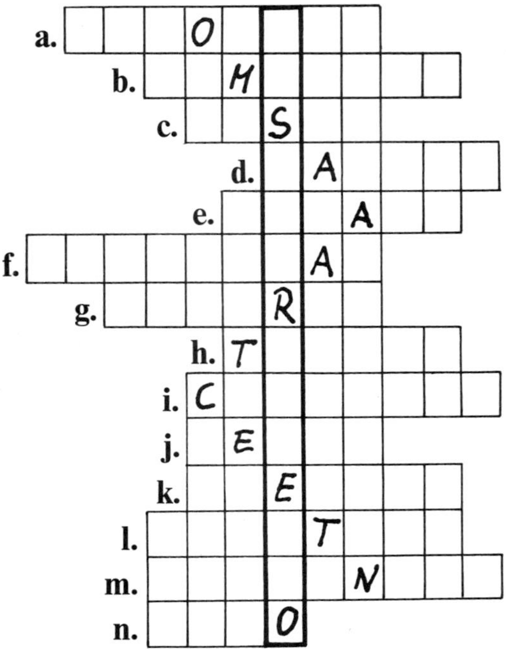

3 Vocabulario

La mayoría de las palabras buscadas salen en el texto.

a. hacer pensar en algo
b. empezar
c. borde del mar
d. usar la voz para una cosa bonita
e. relacionado con el hombre
f. nombre del «Descubridor»
g. animales que vuelan
h. contrario de mar
i. ver lo parecido y lo diferente de dos cosas
j. esposa del rey
k. continente
l. línea (imaginaria o de separación) entre dos pueblos
m. seguir
n. no muy preciso

4 *Opinar*

- ¿Puede compararse el primer viaje de Cristóbal Colón a América con el primer viaje del hombre a la luna?
  ¿Cuál es la diferencia más importante para Vd.?
- ¿Quiénes tenían, para el viaje que hacían, más medios materiales?
- ¿Quiénes podían tener más seguridad de llegar y volver bien?
- ¿A Vd. le hubiera gustado tomar parte en uno de los dos viajes?
  ¿Cuál le hubiera interesado más?
  ¿Cuál le hubiera dado más miedo?
- ¿Qué le parecen otras situaciones extremas o muy peligrosas a que se exponen algunas personas: montañismo, carreras automovilísticas o en moto, etc.?
- ¿Por qué lo harán?

6 Incas, aztecas y mayas

Fíjese en estas estructuras gramaticales:

1. **lo que** hoy llamamos Perú, Bolivia y Ecuador	Gr. 23.2
2. Estas sociedades **han dejado** numerosos monumentos.	Gr. 14.3
3. En el museo de Lima **pueden verse** muchos cráneos ...	Gr. 8.1
4. Descubrieron la cifra cero **antes que ningún otro** pueblo.	Gr. 27.3

Fíjese también en estas expresiones e intente usarlas en sus conversaciones:

- Lo haré, a pesar de todo.
- A pesar de todo lo que dices, no puedes convencerme.

1 *Comprender*

Preguntas sobre el texto

- El texto habla de tres grandes culturas que existían en América a la llegada de los españoles. ¿Cuáles son y dónde se habían desarrollado?
- De las tres culturas, ¿cuál tenía la mayor extensión?
- ¿Qué partes geográficas del continente comprendía?
- ¿Se ha conservado algo de los monumentos y de las obras de arte de aquella época precolombina (o sea antes del descubrimiento de América por Cristóbal Colón, en 1492)?
- ¿Cómo se sabe que los incas tenían unos médicos formidables?
- ¿Cuál era la especialidad científica de los mayas? Tenían ciertos conocimientos matemáticos que otros pueblos no tenían?

2 Expresarse

Exprese Vd. la misma idea con otras palabras:

a. El imperio inca *comprendía* también parte de (lo que hoy es) Colombia.
b. Los aztecas habían *alcanzado un alto nivel* de organización.
c. Estas *sociedades* han dejado muchos monumentos.
d. Los mayas habían medido el tiempo con *sorprendente* precisión.
e. Podemos admirar creaciones técnicas para la lucha contra la *naturaleza*.

Oro del Perú

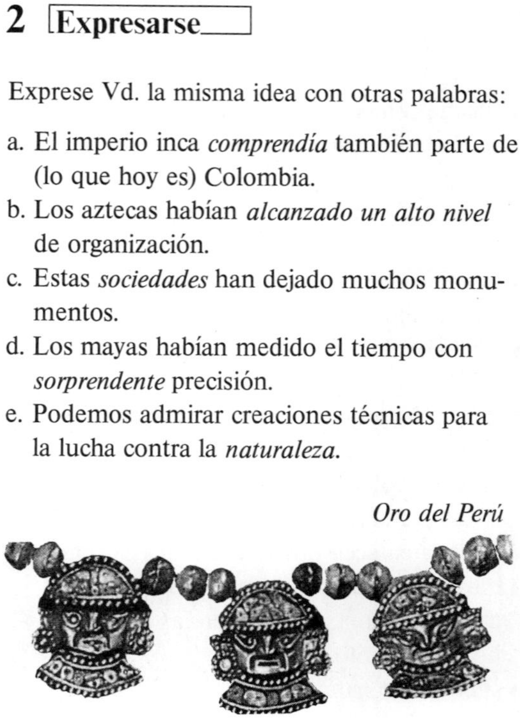

3 Vocabulario

Todas las palabras buscadas están en el texto.

a. tener como una de sus partes
b. 25 es un número que consta de dos . . .
c. hacer ver de forma indiscutible un hecho
d. lucha entre pueblos
e. metal precioso
f. zona baja entre dos montañas
g. altura de una civilización
h. lo que uno no hubiera esperado
i. llegar (hasta un punto, por ej.)
j. expresión importante de una cultura.

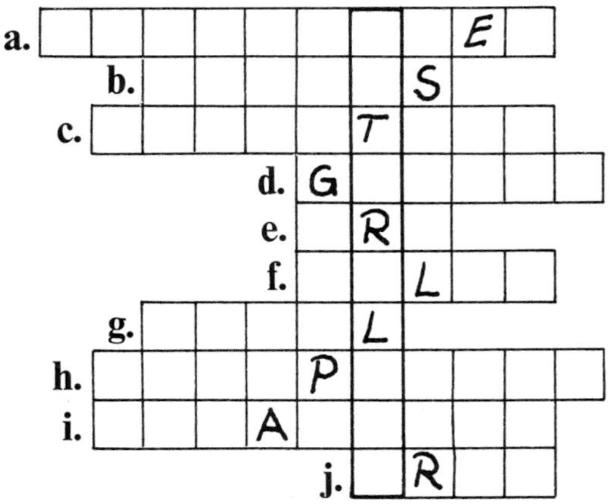

4 Opinar

- Según los datos que ofrece el texto, ¿cuál de los pueblos mencionados le interesaría a Vd. más, y por qué?
- ¿Cree Vd. que todos los incas, aztecas y mayas tenían los conocimientos de que habla el texto?
- ¿Somos nosotros capaces de arreglar los objetos más corrientes de nuestra civilización (bicicleta, coche, lavadora, calculador electrónico, televisor, enchufe)?
- ¿Qué se dirá en mil años de nuestra cultura y civilización?

5 Vocabulario

¿Conoce Vd. todas estas palabras?

médico – vacunar – venda – herida – operación – caramelo – píldora – fiebre

Hay una palabra que en realidad no pertenece a este grupo. ¿Cuál es? ¿A qué tema general se refieren todas las demás palabras? ¿Se le ocurre una frase corriente con cada una de estas palabras?

Aquí un ejemplo del sistema matemático del los aztecas: los números 4, 5 y 6.

7 El castellano de España y el castellano de América

Fíjese en estas estructuras gramaticales:

1. **No** hay **ni un solo** rasgo importante ...	Gr. 27.
2. **No hay ningún rasgo** del español de América **que no tenga** su origen en España.	Gr. 16.3
3. **Se puede afirmar** lo mismo. **Puede afirmarse** lo mismo.	Gr. 20.1
4. **Le dice** al chófer **que lo lleve** al hotel.	Gr. 16.1
5. **Me sorprende que se inviten** ellos sin más.	Gr. 16.2
Me sorprendía que se invitaran ellos sin más.	Gr. 16.9
6. Le **dieron** una comida de despedida. dar: **di, diste, dio** ...	Gr. 6.1
Quiso hacerse simpático. querer: **quise**	
Se puso de pie. poner: **puse**	Gr. 6.2

Fíjese también en estas expresiones e intente adaptarlas en sus conversaciones:

- De todos modos, ...
- Es evidente (que ...).
- Me he llevado una sorpresa.
  Me he llevado un susto.
- No hay que confundirlo.
- Esos letreros me han llamado la atención.
  Lo que me llama la atención es/son ...
- Esto me recuerda (una palabra inglesa).
- Hemos dado muchas vueltas.
- Hemos paseado/hemos dado un paseo por la ciudad.
- Le he dicho que por favor me lleve al hotel.
- en todas partes, por todas partes
- Tengo/He tenido ocasión de (verlo).
- No tengo inconveniente.
  Si Vd. no tiene inconveniente, ...
  Dice que no tiene inconveniente en llevarme al hotel.
- ¿Cuándo volveremos a vernos?
- Mejor que se hubiera callado.
- Se quedó ofendido.
- Es lo peor que te puede/podía pasar.

1 *Comprender*

Preguntas sobre el texto

- ¿Son muy diferentes el castellano de España y el de América, según el autor?
- ¿Qué características generales del castellano de América menciona?
- ¿Por qué puede haber malentendidos cuando un español habla con latinoamericanos?

2 Gramática

Escoja Vd. la forma correcta:

He hablado con un amigo sobre el primer viaje a Latinoamérica que voy a hacer.
Me dice

a. (que me voy a llevar/que me lleve) una sorpresa.
b. (que me van a decir/que me digan) cosas que no podré entender bien.
c. (que me fijo/que me fije) al principio en la pronunciación, que será un poco diferente.
d. (que no me extraña/que no me extrañe) que al autobús le llamen camión en un país, guagua en otro, etc.
e. (que me gustará/que me guste) la gente.
f. (que no se me olvidará/que no se me olvide) sacar fotos de letreros, porque los hay muy divertidos.
g. (que pregunto/que pregunte) mucho para estar seguro de si he entendido bien.

3 Vocabulario

Casi todas las palabras buscadas salen en el texto.

a. decir que es así
b. órgano del cuerpo
c. idioma
d. lo que no es igual en dos cosas
e. mandar hacer
f. el que conduce un coche o autobús
g. decir o hacer una cosa que le sienta mal a otra persona
h. época que siguió al Descubrimiento
i. tomar una cosa/persona por otra
j. de donde viene una persona o cosa
k. muy amable
l. algo que no se esperaba.

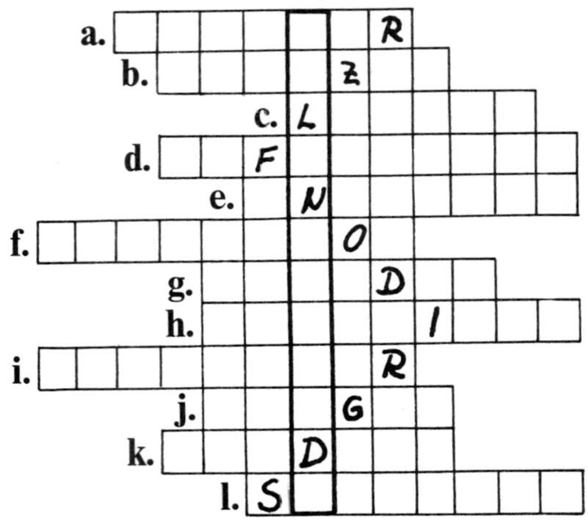

4 Gramática

Cuente Vd. lo que le pasó en una fiesta donde había muchos latinoamericanos.

a. Ya sabía que hablaban un poco diferente, pero pronto (darse cuenta) ______________ de que entendía mejor a unos y peor a otros.
b. Al principio me (costar) ______________ bastante acostumbrarme al «vos» en vez de «tú», y al «ustedes» en vez de «vosotros».
c. La pronunciación de «s» en vez de «z» no me (sorprender) ______________ nada, eso lo sabía ya.

d. Pero (tener) ________________ problemas con una serie de palabras y expresiones que no había oído nunca antes.
e. Dos o tres veces, ellos se rieron mucho, y yo no sabía por qué. A lo mejor (decir) ________ ________ yo algo que para ellos tenía un sentido diferente . . .
f. Por ejemplo, cuando uno me ofreció llevarme a casa y le (responder) ____________ ______ que podía coger el autobús . . .
g. Bueno, a lo mejor (meter la pata) __________ ______________ alguna vez,
h. pero (ser) ________________ muy divertido.

5 Opinar

- En este libro le enseñamos fundamentalmente el castellano de España. A lo mejor, su profesor le podrá enseñar las características de algún país latinoamericano.

  Después de todo lo que dice A. Rosenblat, el autor del texto, ¿tiene Vd. la impresión de que estaría un poco perdido si fuera a algún país latinoamericano?
- Al hablar con españoles o con latinoamericanos, ¿nota Vd. diferencias?

6 Gramática

– *¿Te quedan algunos francos suizos?*
– *Ni uno solo.*

a. ¿Hay en este pueblo una farmacia?
b. ¿Te escribe frecuentemente tu hijo? (carta)
c. ¿Tú comprendes lo que dice esa gente? (palabra)
d. ¿Has preguntado en el hotel? ¿Les quedan habitaciones libres?
e. Querías leer algunos libros en las vacaciones. ¿Cuántos has leído?
f. ¿Has ido mucho a esquiar este invierno? (vez)
g. ¿Cuántos cigarrillos te quedan?

7 Comprender

Imagínese que Vd. le hace a su amigo esta pregunta:

– *¿En España se puede pasar por casa de unos amigos sin avisar, normalmente?*

Escuche la cinta. (Si hace falta, más de una vez).

- ¿Qué dice su amigo sobre ciertas costumbres en España?
- Su amigo termina con una pregunta. Conteste Vd. dando ejemplos.

8 Comprender

Imagínese que Vd. le hace a un amigo español esta pregunta:

– *Una pregunta: Mañana voy a llegar bastante tarde a Barcelona y tengo allí unos amigos . . ., bueno, unas personas que conozco bastante bien. ¿Hasta qué hora más o menos se puede llamar por teléfono en España a una familia?*

Escuche la cinta, y si hace falta, escúchela varias veces.

- ¿Qué dice su amigo sobre las horas a que se puede llamar por teléfono en España?
- Su amigo termina con una pregunta. Contéstele Vd.

9 La nueva literatura americana

Fíjese en estas estructuras gramaticales (y en una característica ortográfica):

1. una literatura **a la que** le exigían que hablara de las miserias ... Gr. 23.1
2. **le exigen que hable** de las miserias del indio Gr. 16.1
   le exigían que hablara de las miserias del indio ... Gr. 16.9
3. El camino está abierto **para que** los más jóvenes **den** Gr. 16.5
   el golpe definitivo. – dar: **dé** Gr. 1.9
4. Las palabras que vienen del griego, no se escriben en español con **y** ni con **th** ni con **rh**: el **mito** (de los dioses) – la **física** – el **ritmo** – el **trono** (del rey) – el **teatro** – la **psicología** (o **sicología**) – la **psiquiatría** (o **siquiatría**) – el **reuma.**

Fíjese también en estas expresiones e intente usarlas en sus conversaciones:

- ¿Quién te exige que hagas esto?
- en los años 30, hacia los años 30
- al mismo tiempo que ...
- No es una casualidad.
  No ha sido ninguna casualidad.
- Este chico no da ni golpe. (No trabaja nada.)

1 Comprender

¿Es esto lo que dice el texto?

- Antes, los lectores esperaban de los autores una literatura muy concentrada en temas típicamente americanos.
- En los años 30, más o menos, la literatura empezó a cambiar, sin dejar de lado los temas tradicionales.
- En las obras de varios autores del sur se refleja su cultura, que no sólo es americana.
- Gracias a los autores más jóvenes de la literatura americana, ésta ha llegado a ser universalmente conocida.

2 Gramática

La literatura americana

a. hablaba de las miserias del indio.
b. meditaba sobre la soledad del gaucho.
c. denunciaba la crueldad de los dictadores.
d. describía el murmullo de la selva y de los ríos.
e. ofrecía a su público determinados temas que se consideraban como temas americanos.

Todo esto era lo que se esperaba de la literatura:

a. *Se le exigía* a aquella literatura *que hablara* de las miserias del indio. etc.

3 Vocabulario

Las palabras buscadas salen todas en el texto.

a. movimiento violento
b. pedir enérgicamente
c. país latinoamericano
d. indicar, hacer ver
e. lo que es de uno mismo
f. por donde uno anda
g. lo que ya no se puede cambiar
h. contrario de lo superficial
i. régimen político autoritario
j. algo no organizado o previsto

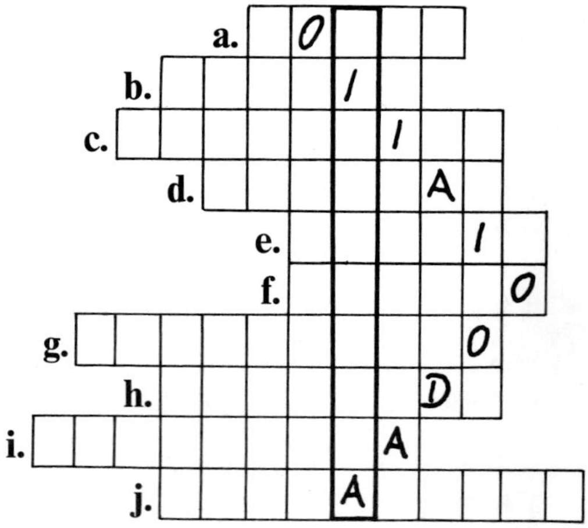

4 *Opinar*

El texto menciona los grandes temas de la literatura americana antes de comenzar el «boom»: el paisaje (selvas, ríos), la política (dictadores, violencia), los problemas humanos (la tristeza y la pobreza del indígena, la soledad del gaucho) . . .

- ¿Ha leído Vd. algún libro de uno de los autores mencionados en el texto?
- ¿Qué temas le interesan a Vd. cuando elige un libro para leerlo?
- ¿Qué autores le han gustado más?
- ¿Cuáles son los temas más tratados por los escritores (o por el cine, la televisión, las revistas) de nuestro país?

unidad 3

10 Periódicos de España

Fíjese en estas estructuras gramaticales:

1. el periódico **que se vende más/que más se vende** — Gr. 18.3
2. **Es natural que tengan** técnicas pasadas de moda. — Gr. 16.4
3. **la tercera parte** — Gr. 19.3

Fíjese también en estas expresiones e intente usarlas en sus conversaciones.

Imagínese para cada expresión algunas situaciones en que las pueda emplear.

- o sea ...
- Entonces, ...
- Yo diría que ...
- al mismo tiempo
- al revés, al contrario
- incluso : ni siquiera
- Está pasado de moda.
- No tiene mucha importancia.
- más bien ...

1 *Comprender*

Preguntas sobre el texto

- Francisco Marín trabaja en «El País». ¿Qué dice sobre la importancia de este periódico y de los otros periódicos españoles?
- ¿Cómo caracteriza Francisco los periódicos «La Vanguardia», «ABC» y «Ya»?
- Según Francisco, ¿se dedica «Diario 16» (no hay que confundirlo con la revista «Cambio 16») completamente al sensacionalismo?
- Los empleados de «El País», ¿son en su mayoría periodistas?
- ¿Tienen todos los periódicos más o menos el mismo número de empleados?
- Si hay grandes diferencias, ¿a qué se deben?
- ¿Qué secciones de «El País» menciona Francisco Marín?
- ¿Es «El País» un periódico para Madrid, sobre todo?

2 Expresarse

Explique Vd. en español estas palabras:

a. *ser responsable* de una cosa
b. *estar enterado* de una cosa
c. una persona *independiente*
d. un periódico *independiente*
e. Yo creía que le gustaba a él y no a ella, pero *es al revés.*
f. estar *pasado de moda* (un traje, una técnica, un comportamiento)

3 Gramática

– ¿Qué periódico se vende más?
– El que más se vende es El País.

Háganse entre Vds. estas preguntas:

- ¿Qué periódico o revista le gusta más?
- ¿Qué periódico atrae más a la masa?
- ¿Qué periódico español (o revista española) conoce Vd. más?
- ¿Qué periódico es el más leído en su país?
- ¿Qué periódico español tiene más importancia fuera de Madrid?

4 Gramática

El 35%, o sea la tercera parte, más o menos.

a. el 30% (1/3)
b. el 11% (1/10)
c. el 20% (1/5)
d. el 25% (1/4)
e. el 50% (!)
f. el 74 por ciento, o sea las tres cuartas partes, más o menos ...
g. el 12,5% (1/8)
h. el 16,5% (1/6)

5 *Discutir*

La persona A lee todos los días el periódico y ve además programas informativos en la televisión. Otra persona, B, sólo ve las noticias de la televisión. Cada uno explica por qué le parece necesario (o suficiente) lo que hace. Otras personas, C, toman parte en la conversación y opinan. Intente Vd. identificarse con A, B o C.

6 *Opinar*

- ¿Qué periódicos de su país se parecen un poco a los diferentes periódicos españoles?
- ¿Qué periódico lee Vd. y por qué le gusta?
- ¿Qué secciones mira Vd. primero?
- ¿Cuál es la sección que menos le interesa?
- ¿Podría Vd. vivir sin periódico, teniendo la radio y la televisión? ¿O podría Vd. mejor vivir sin televisión, teniendo los periódicos?

7 Gramática

– Tienen técnicas más modernas.
– Es natural que tengan técnicas modernas (porque es un periódico nuevo).

Formen Vds. las frases correspondientes completándolas con un poco de imaginación, dando razones o ejemplos, etc.

a. ¿Las tiendas cierran a las ocho?
Sí, es probable que . . .
b. ¿Empiezan los cines a las once?
No sé, pero puede ser que . . .
c. No entiendo esta carta.
No es posible que Vd. . . .
d. Volveré a leerla.
Sí, es mejor que Vd. . . .
e. No me acuerdo de Vd.
¿Cómo? Es imposible que Vd. . . .
f. ¿Jugarás más tarde con los niños?
Sí, es posible que luego . . .
g. Mañana se lo cuento todo a mi jefe.
Pues a mí me parece que no conviene que . . .
h. Mañana no puedo venir yo.
Pero si es necesario que Vd. . . .
i. Me duele muchísimo la cabeza.
Es natural que . . . si bebe Vd. siempre tanto.
j. ¿Habrán empezado ya las rebajas de fin de temporada?
Es muy posible que . . .
k. ¿Habrá dejado para nosotros algún recado?
Es probable que . . .
l. ¿Podremos visitarle en el hospital después de la operación?
Es probable que . . .

8 *Comprender*

Imagínese que Vd. le hace esta pregunta a su amigo español:
– Dicen que en España se lee muy poco . . . ¿Es verdad?

Escuche la cinta. Si hace falta, escúchela más de una vez.

- ¿Es verdad que se lee poco en España?
- ¿Cómo lo sabe su amigo?
- ¿De qué tipo de libros habla?
- ¿Qué dice de ellos?
- ¿Quiere Vd. apuntar el nombre de una editorial que menciona él?
- ¿Qué dice de la Feria del Libro?
- ¿Cuándo fue? ¿Qué tiempo hacía?
- ¿Qué se pensó? ¿Y qué pasó?

11 Corazones de papel

Fíjese en estas estructuras gramaticales:

1. Las revistas del corazón son las de **mayor** difusión. Gr. 18.2
2. El libro está **encima de** la mesa. Está en la mesa.
   El avión vuela **por encima** de la ciudad.
   Las revistas tienen tiradas que están **por encima de** las de los diarios más leídos.
3. **más del 50% - menos del 2%** Gr. 18.4
4. **Lo que se vende es** el cotilleo. Gr. 23.2
5. Las revistas del corazón permiten la murmuración **sin ninguna consecuencia** seria. Gr. 27.

1 *Comprender*

Preguntas sobre el texto

- ¿Se venden mucho las «revistas del corazón»?
- ¿Para qué lectores están redactadas?
- ¿Cuál es el contenido más importante que ofrecen?
- ¿A qué se refiere la información que dan?
- ¿Tratan también temas políticos?
- Según Julio Bou, ¿a qué se debe el gran éxito de este tipo de revistas? (según la experiencia)

2 Expresarse

El texto está escrito en lenguaje periodístico. Hablen (o escriban) Vds. en lenguaje corriente sobre lo que significa concretamente cada frase del segundo párrafo.

3 Vocabulario

Las palabras buscadas salen en el texto.

a. separación legal de personas casadas
b. ceremonia en que se casan dos personas
c. cine, teatro, etc.
d. publicación periódica, no diaria
e. se dice de una mujer muy guapa
f. hombre y mujer
g. más o menos.

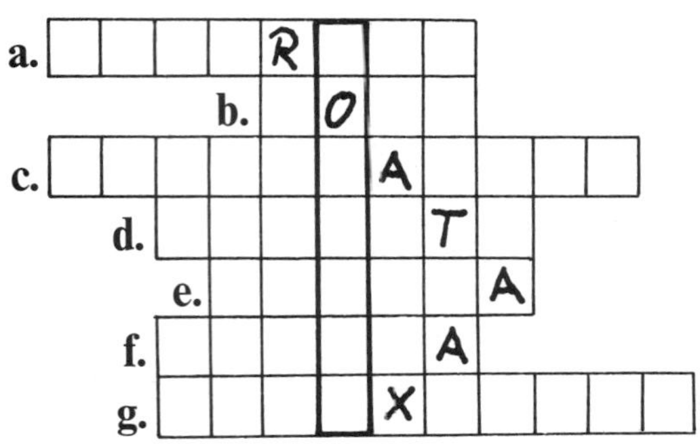

4 *Opinar*

- ¿Qué revistas de nuestro país pueden llamarse «revistas del corazón»?
- ¿Compra Vd. alguna de vez en cuando?
- Si no las compra Vd., ¿las lee cuando tiene una a mano en el peluquero o en la consulta del médico?
- ¿Por qué cree Vd. que estas revistas tienen tanto éxito?
- ¿Qué le contestaría Vd. a Julio Bou, quien opina que hay una relación entre las actuales revistas y el pasado régimen de Franco?
- ¿Por qué cree que le gusta a la gente el cotilleo sobre las parejas famosas etc.? ¿Sería más interesante saber algo de gente corriente, que tiene los mismos problemas que nosotros?
- Si Vd. fuera famoso – como actor, estrella de cine, cantante, etc. – ¿le gustaría que las revistas escribieran sobre lo que hace Vd., con quién sale, publicando fotos suyas?

5 *Expresarse*

Escriba Vd. unas líneas para una revista del corazón sobre una persona o una pareja muy conocida en su país, que sea un «gran cotilleo» o una «gran noticia».

12 La publicidad atacada

Fíjese en estas estructuras gramaticales:

1. La publicidad **es atacada** – los anuncios **son atacados.** Gr. 8.2
2. Los anuncios **seguirán siendo dirigidos** a las mujeres. Gr. 12.1

Fíjese también en estas expresiones e intente usarlas en sus conversaciones:

Imagínese para cada expresión algunas situaciones en que la pueda emplear.

- Me hace gracia.
- Lo que pasa es que . . .
- Tiene mucha imaginación.
- Tiene sentido del humor.
- para ser vasco / para ser un niño
- Siempre se meten con él.
- Yo defiendo (esta idea).
- Lo que hago es (muy sencillo).
  Lo que hago es (matar el tiempo).
- Bueno, esto sí que es (un problema).
- Esto produce/causa problemas.
- cometer un error, cometer errores
- Le dan ataques al niño.
- Es cierto. – por supuesto

1 Comprender

Preguntas sobre el texto

- ¿Cómo reacciona el señor Eléxpuru a que la gente escriba mal su apellido?
- ¿Da a entender Carmen Rico-Godoy que los vascos suelen tener mucho sentido del humor?
- ¿Da a entender el señor Eléxpuru que hay muchos prejuicios sobre los vascos?
- Según Eléxpuru, si los chicos empiezan a fumar, ¿es la culpa a veces de la publicidad en la televisión?
- ¿Admite Eléxpuru que la publicidad se critica con razón?
- ¿Defiende también la publicidad dirigida a los niños?
- ¿Qué problemas ve en este tipo de publicidad?
- ¿Dicen los dos que la publicidad está mal hecha en España?
- ¿Cuáles son los productos clásicos que más salen en los anuncios?

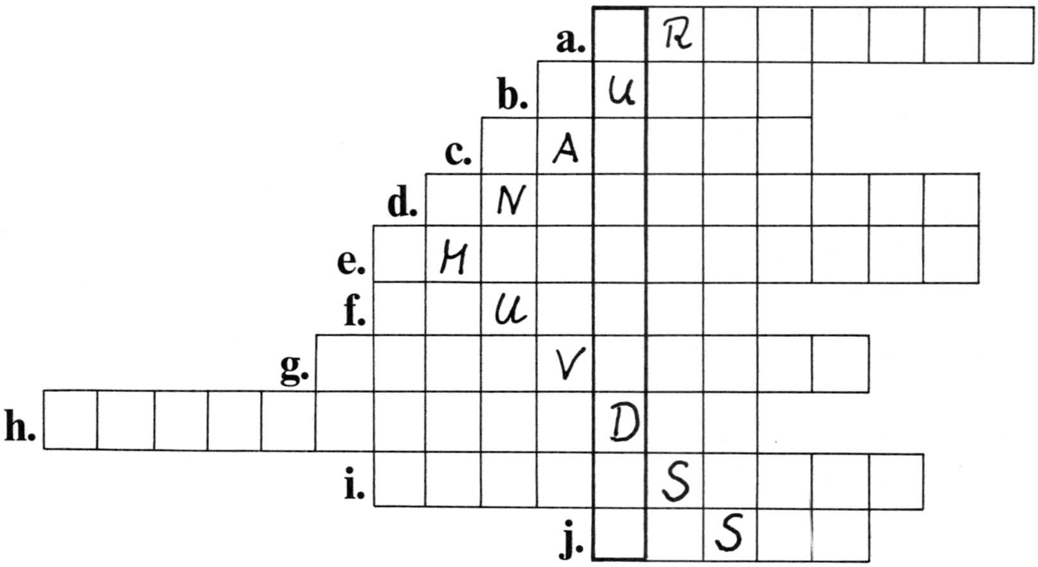

2 Vocabulario

La mayoría de las palabras buscadas salen en el texto.

a. lo que se vende
b. lo que tiene el que no toma la vida a lo trágico
c. lo que se fuma
d. efecto que produce la publicidad en nuestras decisiones
e. riqueza de ideas
f. una de las formas de la publicidad
g. el cine en casa
h. el que ve la televisión
i. palabra que sale frecuentemente en la publicidad
j. ganas de algo

3 Gramática

La publicidad – muchas veces – atacar.
La publicidad muchas veces es atacada.

a. Eléxpuru es un apellido – muchas veces – escribir mal.
b. La publicidad – muchas veces – dirigir a los niños.
c. Hay productos – constantemente – anunciar en la televisión.
d. Los anuncios – frecuentemente – realizar con millones de pesetas.

Exprese Vd. lo mismo con la forma alternativa, que en realidad es más frecuente en lenguaje hablado:

La publicidad se ataca muchas veces.

13 Sicología de la publicidad

Fíjese en estas estructuras gramaticales:

1. **conseguir que haga algo** (uso del subjuntivo) **queremos que lo haga**	Gr. 16.1
2. listas **en las cuales** se puede encontrar ...	Gr. 23.1
3. **cualquiera; cualquier persona; cualquier cosa**	Gr. 24.1
4. el hombre **cuya preocupación** es ...	Gr. 23.3
5. **ser sano : estar sano**	Gr. 11.1

1 Comprender

¿Es esto lo que quiere decir el texto?

a. La publicidad debe tratar de convencer a la gente.
b. El cliente debe tener la impresión de que es él quien toma la decisión de comprar.
c. Los especialistas en publicidad conocen argumentos para vender muchas cosas, pero no para todas.
d. Los especialistas en públicidad creen que para la gente es muy importante ganar o tener mucho dinero.
e. Otro aspecto importante para la gente es, según la sicología de la publicidad, estar (o parecer) sano.
f. Los anuncios en TVE trabajan mucho con los clichés de lo «masculino» y lo «femenino».
g. Otro aspecto importante es un ambiente de ricos y de personas ya algo mayores.

2 Gramática

¿Hace la gente libremente lo que los anuncios le proponen?
La publicidad *consigue* que la gente *haga* libremente lo que los anuncios les proponen.

a. ¿Consideran los compradores necesaria la nueva lavadora?
b. ¿Creen que es conveniente comprar un nuevo aspirador?
c. ¿Están convencidos de que compran una cosa útil, buena y barata?
d. ¿Se identifican con los consumidores que presenta la publicidad?
e. ¿Se quedan sentados cuando los anuncios interrumpen la película?
f. ¿Se acuerdan de las marcas anunciadas en televisión cuando entran en una tienda o unos grandes almacenes?
g. ¿No apaga la gente el televisor a la hora de los anuncios?

3 Gramática

cualquiera – cualquier

a. Los de la publicidad trabajan para ________________ que les pague, sea quien sea.
b. Los de la publicidad trabajan para ________________ producto, sea lo que sea.
c. Pero yo creo que en publicidad no puede trabajar ________________ , hay que tener imaginación.
d. Porque es más fácil criticar ________________ anuncio de publicidad que hacer otro mejor.
e. ¡Y lo que cuestan los anuncios! ________________ «spot» de pocos segundos cuesta millones de pesetas.
f. Pero vale la pena el dinero que se gastan. Está demostrado que las amas de casa no compran ________________ jabón, sino aquel cuya publicidad les gusta más.

4 Gramática

el señor cuya preocupación es estar sano
la señora cuyo marido trabaja conmigo

a. un chico ________________ cara sale siempre en anuncios de chocolates
b. una señora ________________ apellido es tan raro que la gente lo escribe mal
c. una chica ________________ sentido del humor es increíble
d. un amigo mío ________________ mujer trabaja en la televisión
e. un periodista ________________ entrevistas siempre me hacen mucha gracia
f. un producto ________________ ventas han subido mucho con ese anuncio tan fenomenal
g. una señora que fuma mucho, pero ________________ salud es excelente

5 Gramática

ser – estar

a. Los hombres que salen en los anuncios parece que ________________ muy sanos.
b. Hay un anuncio que siempre dice lo sano que ________________ tomar agua mineral X.
c. Seguramente conoces de la televisión a Monica Randall. ________________ morena y bastante guapa.
d. En el anuncio que hacen para esa crema solar ________________ todos muy morenos y sonrientes.

e. Yo no sé, pero en esos anuncios siempre parece que toda la gente ________________ muy rica.
f. ¿Tú has probado alguna vez esos platos congelados que siempre dicen en la televisión que ________________ tan ricos?
g. Acabo de enterarme de que el señor García tiene 80 años. Yo no sabía que ____________ ________ tan viejo, me parecía mucho más joven.
h. Tú conoces a la señora Badía, ¿verdad? Pues. tíene ya 60 años. No me lo puedo creer, ¡ ________________ tan joven!

6 Vocabulario

Las palabras buscadas se encuentran todas en el texto.

a. adecuado
b. lo que me hace la vida más cómoda
c. buen estado físico
d. lo que gusta más que trabajar
e. el sitio que se ha alcanzado en la sociedad
f. relacionado con los deportes
g. cierto miedo ante problemas
h. respeto y simpatía que se tiene por alguien.

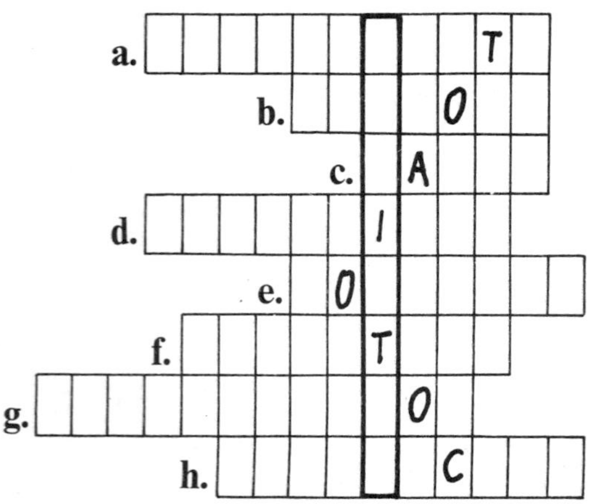

7 *Opinar*

- Según su opinión, ¿cuál debe ser la función de la publicidad? ¿Puede dar ejemplos que correspondan a esta idea suya?
- ¿Le gusta ver los anuncios de publicidad en la televisión?
- ¿Les gusta a los niños? ¿Por qué será?
- ¿Qué tipo de publicidad, en general, le gusta o le molesta?
- A su juicio, ¿qué defectos suele tener la publicidad?
- ¿Cree Vd. que la publicidad tiene influencia en sus decisiones de comprar algo o de gastar dinero de otra forma?

8 *Expresarse*

Escriba unos anuncios de publicidad, siguiendo (o no) las «recetas» del texto, para

- una crema de sol
- el agua de colonia X.
- un viaje a Tenerife
- el producto o productos que quiera

escribiendo en serio o en broma, exagerando o no, como quiera.

9 *Discutir*

La persona A suele comprarse muchas cosas por influencia de la publicidad. B le dice que no crea todo lo que dicen los prospectos y los anuncios de publicidad.
Intente Vd. identificarse con A o B.
A lo mejor, le sirven estas frases:

Eres un tonto. Eres un idiota. Es todo mentira, ¿no te das cuenta?

14 Espectador de fútbol

Fíjese en estas expresiones e intente usarlas en sus conversaciones:

- hacerle una injusticia a alguien
- ¡ay!
- confirmar un hecho
- a la vista de todos
- precisamente
- varía (según el tiempo, según la edad, según la región, etc.)
- Hay que ver (cómo . . ., con qué entusiasmo . . ., con qué seguridad, etc.)
- estar activo/inactivo
- al contrario
- formar parte de algo
- romper la monotonía cotidiana

1 Comprender

¿Es esto lo que quiere decir el texto?

a. El típico espectador de fútbol tiene buena salud.
b. Aguanta mejor las temperaturas altas que las bajas.
c. Los verdaderos aficionados al fútbol siempre están de pie.
d. De vez en cuando se muere un espectador de un infarto en el estadio.
e. Los buenos espectadores hacen mucha gimnasia en casa.
f. Parece como si la vista del espectador variara de un momento a otro . . .
g. En sus comentarios se nota que cree entender mucho de cómo se debe jugar.
h. Los espectadores suelen envidiar a los jugadores.
i. El espectador se siente como parte activa en el juego.
j. El autor intenta dar una explicación de por qué tanta gente va a ver los partidos de fútbol.

2 Expresarse

Explique Vd. con otras palabras estas expresiones (o úselas en ejemplos que expliquen bien lo que significan):

- algo parecido
- un aficionado al fútbol
- estar de pie
- hacer (o cometer) una injusticia
- un equipo
  (No hay solamente equipos de fútbol.)
- confirmar algo, confirmar un hecho
- a la vista de todos
- (una cosa que) varía
- envidiar a una persona
- al contrario

3 *Opinar*

¿Qué diría Vd.?

- ¿Considera Vd. como un deporte el ir a ver un partido de fútbol?

- ¿Va Vd. con cierta regularidad al campo de fútbol para ver un partido?
- ¿Prefiere Vd. verlo en el campo mismo o en la televisión? ¿Por qué?
- ¿Está Vd. de acuerdo con las explicaciones que da el autor? ¿Qué explicaría Vd. de otra forma?
- ¿Qué diferencia hay entre los espectadores de fútbol y los de un «match» de tenis? ¿Qué prefiere Vd. y por qué?
- ¿Es Vd. socio de algún club deportivo?

4 *Expresarse*

Escriba Vd. en una carta a un amigo español lo que para Vd. representa el fútbol (u otros deportes): si prefiere ser espectador o practicar un deporte Vd. mismo, por qué (no) lo hace, etc.

A lo mejor le sirven estas expresiones:

- Me encanta / aburre ver cómo ...
- Me siento como nuevo después de ...
- No podría imaginarme una vida sin ...
- Si no fuera tan caro me gustaría montar a caballo, pero ...
- Me hubiera gustado mucho esquiar, pero ...

5 *Comprender*

Imagínese que Vd. le hace esta pregunta a una amiga española:

– *¿Tú practicas algún deporte?*

Escuche en la cinta lo que le contesta.

- ¿Son los españoles muy deportistas?
- ¿Y las españolas?
- Ella, personalmente, ¿qué hace en verano?
- ¿Qué deporte practica sistemáticamente?
- ¿Qué comparación hace con hace 20 ó 30 años?
- ¿Qué significa esto para ella?
- ¿Ve ella a la juventud como muy activa haciendo deporte?
- Ella hace una pregunta al final. Contéstele Vd.

6 Vocabulario

Suponemos que Vd. conoce todas estas palabras:

nadar – bailar – cansar – correr – esquiar – jugar

Hay una palabra que no pega en esta serie. ¿Cuál es? ¿Por qué? ¿Qué definen las otras? ¿Se le ocurre con cada una de estas palabras una frase corriente?

unidad 4

15 Por México

Fíjese en estas estructuras gramaticales:

1. morir: **murió** – ir: **fue** (formas del Pret. perfecto simple) Gr. 6.1
   estar: **estuvo** casado – hacer: **hizo** (Pret. perfecto simple) Gr. 6.2

Fíjese también en estas expresiones e intente usarlas en sus conversaciones:

- dar vueltas por la ciudad
- por fin ...
- en ninguna parte/en todas partes
- Lo único que ...
- hace dos años, hace seis meses

1 *Comprender*

Preguntas sobre el texto

- ¿Está hablando el periodista del tiempo que hacía en la ciudad de México?
- ¿Qué le pasó al autobús? ¿Fue una cosa única, excepcional?
- ¿Quién es Alfonso Benítez? ¿A quíen cita Benítez?
- ¿Qué es lo que no ha cambiado desde tiempos de Alejandro de Humboldt?
- ¿Era necesaria la industria para ayudar a los campesinos?
- ¿Qué dice Benítez de la ciudad de México?
- Según el artículo, ¿dónde se encuentran las familias más ricas del subcontinente latinoamericano?
- ¿Les ofrecieron alguna comida especial en México? ¿En qué consistía?
- ¿Qué cuenta el periodista del guía Arturo?
- ¿Sabe Arturo alemán?
- ¿Es Arturo un optimista o un pesimista?

2 Vocabulario

Acuérdese del texto – sin mirarlo de nuevo – y ponga las palabras que faltan.

a. El autobús ________________ su ruta bajo la torrencial lluvia.
b. Tres horas estuvimos ________________ vueltas por México. México estaba
c. ________________ en laberinto. En Coyoacán
d. nos ________________ en su gran biblioteca el periodista Alfonso Benítez. Nos explicó :
e. «El 10% de la población ________________ aquí el 50% de las riquezas. Pero la industria
f. no ________________ ninguna necesidad.» Nuestro guía, Arturo, nos contó que
g. ________________ casado con una misionera.
h. Ella ________________ hace dos años.
i. En un viaje, Arturo ________________ a una suiza.
j. Pronto irá a Suiza a ________________ la mano a la dama.
k. Arturo da lo que ________________ .

3 Vocabulario

Todas las palabras buscadas salen en el texto:

a. lo que (casi) no se puede creer
b. sigue como antes
c. expresión de una cultura
d. marido y mujer
e. algo raro y poco corriente
f. dinero que recibe uno con regularidad
g. parte determinada de una ciudad
h. hecho de que algo es necesario
i. dejó de vivir
j. tiene para sí mismo

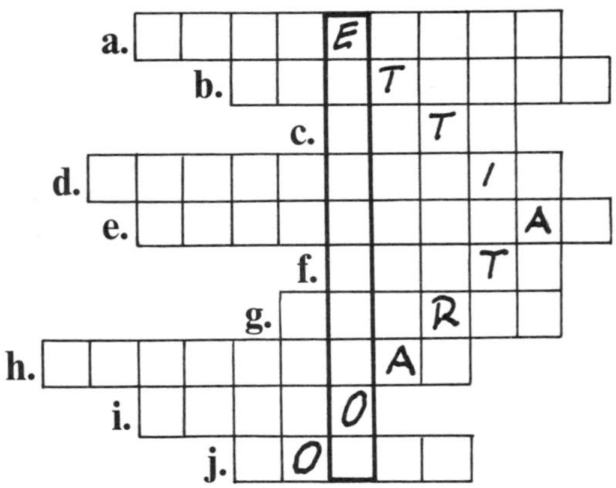

4 *Expresarse*

Imagínese que tomó parte en el viaje del que habla el periodista Xavier Domingo, y haga un resumen por escrito contando

- lo que más le sorprendió
- la persona que más le impresionó
- la información que más interesante le pareció
- lo más bonito que vio
- lo que más le recomendará Vd. a sus amigos cuando hagan un viaje a México.

5 *Comprender*

Imagínese Vd. que le hace esta pregunta a una amiga española:

– *Imagínate que tú, en un viaje en tren, conoces a un extranjero o a una extranjera. ¿Qué le preguntarás sobre su país, qué te interesa más saber?*

Escuche en la cinta lo que le dice.

- ¿Cree su amiga que la curiosidad española es diferente de la de otras personas?
- ¿Qué es lo primero que ella preguntaría?
- ¿Qué preguntaría respecto a cosas de la política y de la situación en el país?
- ¿Serían las mismas preguntas para cualquier extranjero?
- ¿Qué caso menciona como un caso especial?
- ¿Qué preguntas haría ella en un caso así?

6 Vocabulario

Tienen Vds. 3 minutos para apuntar cosas relacionadas con el tiempo que hace. Luego se compararán las listas de cada uno, para ver quién tiene más, y se discutirá si valen todas las palabras apuntadas.

7 Vocabulario

¿Conoce Vd. todas estas palabras?

tabaco – tomates – guisantes – coliflor – lechuga – zanahoria – pimienta – judía

Hay dos palabras que no pegan en esta serie. ¿Cuáles son? ¿Por qué? ¿A qué tema pertenecen las otras?

8 *Expresarse*

Vds. han visto un accidente de tráfico. Preparen sus declaraciones a la policía y discutan lo que han visto y lo que creen que va a pasar después.

A lo mejor les servirán estas palabras y expresiones:

- me consta que
- ir a gran velocidad
- en dirección opuesta
- la marca del coche
- el cruce, la esquina, la curva
- el peatón, un montón de peatones
- el neumático
- tener una avería
- el puesto de socorro
- el hospital municipal
- el permiso de conducir
- tener líos con la policía
- apuntar/saber de memoria

16 Dos jóvenes mexicanos

Fíjese en estas estructuras gramaticales:

1. **Le conocí cuando realizábamos estudios.** (Uso de los pretéritos)	Gr. 14.2
2. Yo **llegaba** en automóvil. – **Había** el problema de las muchachas.	Gr. 14.1
3. **No deseábamos que** nuestras hermanas **se enamoraran.**	Gr. 16.9
4. **ni** los estudios **ni** la amistad	Gr. 27
5. nuestros bailes y **los de** ellos	Gr. 17.2

Fíjese también en estas expresiones.
Intente usarlas en sus conversaciones, para darles más naturalidad:

- a pesar de (ser compañeros)
  a pesar de que (éramos compañeros)
- Se crean problemas.
- Me da vergüenza hacerlo.
  (Me siento avergonzado de hacerlo).
- pasar el fin de semana en . . .
  pasar los fines de semana en . . .
- Se ha enamorado de una chica.
  Está enamorado de ella.

1 *Comprender*

Preguntas sobre el texto

- La persona que habla, ¿conocía a Félix Maldonado hace unos doce años? ¿Cuándo lo conoció?
- ¿Dónde se conocieron, y qué hacían entonces los dos?
- ¿Qué edad tenían?
- ¿Respeta el autor mucho a la universidad de México?
- ¿Cómo iban los dos a la universidad, en México?
- ¿Qué diferencias y qué problemas había allí entre ricos y pobres?
- ¿Querían los padres de los pobres que sus hijas se enamoraran de los chicos millonarios?
- ¿Seguía todo igual en Nueva York?
- ¿Qué era lo que más contaba allí?
- ¿Qué podían compartir allí?

2 Gramática

Cuéntense lo que querían o deseaban sus padres de Vds., como por ejemplo:

Deseaban que estudiara/estudiase mucho.

a. realizar estudios en la universidad
b. tener amigos de la misma edad/mayores/más jóvenes
c. invitar a casa a muchos chicos y chicas
d. pasar los fines de semana con ellos
e. aprender a bailar/a esquiar/a . . .
f. no casarme muy joven
g. pescar a un chico rico/una chica rica
h. no dejarse impresionar por la belleza
i. tener más confianza en ellos.
j. . . .

3 *Discutir*

A, un chico de una familia rica, se ha enamorado de una chica de familia más bien pobre.

Su padre, B, trata de convencerle de que debería cortar inmediatamente esa relación.

La madre, C, está de acuerdo con el padre, en principio, pero piensa que no tiene sentido insistir demasiado de momento.

D, otra persona más de la familia, defiende la relación de los jóvenes.

Intente identificarse con A, B, C o D. ¿Prefiere Vd. la discusión entre todos o quiere también tener una conversación con uno solo?

4 Opinar

¿Qué diría Vd.?

- Las enormes diferencias sociales que describe el autor, ¿existen también en su país?
- ¿Se siente Vd. incómodo cuando está en casa de una persona que es mucho más rica o mucho más pobre que Vd.?
- Cuando está Vd. en el extranjero y se encuentra con unos compatriotas, ¿reacciona Vd. como si estuviera en su país o es diferente?

5 Gramática

Hablando de costumbres, de situaciones y de acontecimientos . . .

- ¿Cuántos años tenía Vd. cuando empezó a fumar?
- ¿Fumaba Vd. ya cuando tenía 14 años?
- ¿Cuántos años tenía Vd. cuando se enamoró por primera vez?
- ¿Se enamoraba Vd. mucho cuando era muy joven?
- ¿Cómo era el primer chico/la primera chica de quien se enamoró Vd.?
- ¿Qué edad tenía Vd. cuando entró en el colegio?
- ¿Qué le impresionaba a Vd. mucho en otras personas cuando era muy joven?
- ¿Recuerda Vd. algo que le impresionó mucho cuando era un niño?

Diferentes aspectos sociales en México
arriba: en una de las barriadas de la capital
abajo: mexicanos en la playa, pasando sus vacaciones.

6 Gramática

¿Sabe Vd. distinguir?

a. Yo *conocía* a Luisa porque era amigo de su hermano.
   Conocí a Luisa en Mallorca.
b. La amiga de Luisa *tenía* un niño.
   La amiga de Luisa *tuvo* un niño.
c. Ya *sabíamos* que nuestros amigos vendrían.
   Supimos por un telegrama que nuestros amigos vendrían el lunes.

¿Y cómo serán las frases siguientes?

d. tener un accidente (en París)
e. tener 18 años (cuando me casé)
f. tener fiebre (de modo que tuve que quedarme en casa)
g. no saber nada exacto (así que llamé por teléfono para preguntar)
h. saberlo por casualidad (porque estaba allí cuando lo dijeron)
i. conocer a Dolores (desde hacía años)
j. conocer a Pepe (en una fiesta)

7 *Discutir*

A y B son chicas que estudian en la universidad. Tienen que andar unos 10 minutos porque la universidad está fuera de la ciudad. A veces se paran chicos con coches ofreciéndoles llevarlas.

La chica A no sube nunca y explica por qué.
La chica B sube frecuentemente y explica sus experiencias.
Otras personas, C, toman parte en la conversación (por ejemplo, chicos que tienen moto o automóvil).
Intente Vd. identificarse con A, B o C.

8 *Comprender*

Imagínese que Vd. le hace esta pregunta a una amiga española:

– *Los españoles, ¿cuándo suelen invitar a gente a casa para comer o para cenar?*

Escuche en la cinta o en el cassette lo que le contesta.
Si hace falta, escuche la contestación más de una vez.

- ¿De qué tipos de invitación habla su amiga?
- ¿Hay una forma especial de expresarse cuando uno invita a gente a comer?
- ¿Cuándo se llevan regalos?
- ¿Qué regalos se suelen llevar?
- ¿Menciona ella un tipo de regalo que no se suele llevar?

- Al final, le hace ella una pregunta. Conteste Vd.

9 Vocabulario

Seguro que Vd. conoce todas estas palabras:

esposa – padre – abuela – hijo – hermano – amigo – vecino – marido – tío

Hay dos que no pegan en esta serie. ¿Cuáles son? ¿Por qué? ¿A qué tema pertenecen las otras?

17 La conquista de México

Fíjese Vd. en estas estructuras gramaticales:

1. Los barcos no **son quemados. Son desmontados.** – Marina **había sido vendida** como esclava. Gr. 8.2

2. Se **envía** un ejército para perseguir a Cortés. Gr. 1.8

Fíjese también en estas expresiones:

- Entre ellos se encontraba un amigo mío.
- He decidido hacerlo.
  Me he decidido a hacerlo.
  Estoy decidido a hacerlo.
- No quiero correr ningún peligro.
- Me he enterado de su problema.
  Me he enterado de que viene mañana.
- Haré todo lo posible por . . .
- Aún hay tiempo.
  Aún está a tiempo.

1 Comprender

¿Es esto lo que quiere decir el texto?

a. Los únicos enemigos de Cortés son los aztecas.
b. La llegada de Narváez crea una situación peligrosa.
c. Las tropas de Narváez terminan uniéndose a las de Cortés.
d. Entretanto, los pocos españoles que se han quedado en Tenochtítlán se ponen muy nerviosos.
e. Moctezuma se había dado cuenta de las circunstancias.
f. En la Noche Triste, saliendo de la ciudad, Cortés pierde gran parte de su ejército.
g. En 1521, Cortés ocupa y destruye la ciudad.

2 *Comprender*

Preguntas sobre el texto

- ¿Con qué hombres cuenta Cortés cuando sale su expedición en 1519?
- ¿Cómo se resuelve el problema del idioma?
- ¿Qué sabe Cortés de los aztecas? ¿Es para él una lucha con un pueblo completamente desconocido?

- Velázquez, el gobernador de Cuba, ¿podía estar contento con lo que hacía Cortés?
- ¿Por qué cree Vd. que se levantó parte de la tropa?
- ¿Por qué no reaccionan los aztecas inmediatamente cuando llegan las noticias de la invasión?
- ¿Es verdad que Cortés no sentía nunca miedo?
- ¿Cuál de sus actos es una expresión del miedo?
- ¿Qué nos hace suponer que Cortés era un político inteligente?
- ¿Qué circunstancias le facilitaron el éxito, qué momentos lo pusieron en peligro?

3 Vocabulario

Vamos a contar parte de la historia de nuevo, de forma más sencilla. Escoja Vd. entre estas palabras las que faltan para completar el texto:

anterior – apoyar – conseguir – se convertirá – debilidad – se defiende – se enterará – envió – facilitará – informará – ha mandado – otra – parte – reciben – recibir – roban – tuvo

Cortés sale de Cuba en 1519, con una tropa élite. El mismo Cortés ya había

a. tomado ___parte___ en la conquista de Cuba. En Yucatán, Cortés quiere

b. ___recibir___ algunos intérpretes (entre ellos a Jerónimo de Aguilar,

c. que en una expedición ___anterior___ había caído en manos de los mayas).

d. Una de las mujeres que ___reciben___ los españoles de regalo, Malintzin,

e. ___se convertirá___ en una figura extremamente importante para la conquista de

f. México. Por ella ___se enterará___ Cortés de las creencias, de la potencia y de

g. la ___debilidad___ del pueblo azteca,

h. lo que le ___facilitará___ mucho la conquista.
En la costa, Cortés funda una nueva ciudad, independizándose así del gobernador de Cuba, según las leyes de la época. Esto explica por qué más

i. tarde Velázquez ___envió___ tropas contra Cortés.
Cortés llega hasta Tlaxcala, una ciu-

j. dad que ___tuvo___ guerras con los

k. aztecas y que decide ___apoyar___ y ayudar a Cortés. Moctezuma sigue los consejos de sus adivinos y no

l. ___se defiende___

4 Gramática

Malintzin había sido vendida/se había vendido como esclava.

Repita cada una de las frases que siguen empleando la otra forma posible:

a. La expedición de México fue preparada en Cuba.
b. Fue fundada una nueva ciudad en la costa.
c. Se desmontaron los barcos.
d. Los barcos no fueron quemados.
e. Los barcos podían volver a ser utilizados.
f. Se informó mal a Moctezuma.
g. Muchos nobles aztecas fueron asesinados a traición por los españoles.
h. Después de la salida de los españoles, los templos de Tenochtitlán se rehabilitaron.
i. Fue enviado un ejército para perseguir a Cortés.
j. México se atacó de nuevo en 1521.
k. La maravillosa ciudad fue destruida en la lucha.
l. Fue conquistada finalmente el 13 de agosto de 1521.

Duerme negrito

Duerme, duerme, negrito,
que tu mamá está en el
campo, negrito ...

Te va a traer
codornices para tí.
Te va a traer
rica fruta para tí.
Te va a traer
carne de cerdo para tí.
Te va a traer
muchas cosas para tí.

Y si el negro no se duerme,
viene el diablo blanco
y zas! le come la patita,
chacapumba!

unidad 5

20 Un chico de la clase media

Fíjese en estas estructuras gramaticales:

1. **tenga, salga, diga,** etc. (formas del Pres. de subjuntivo) — Gr. 1.9
2. **Seguiré viviendo** con ellos. — Gr. 12.1
3. **hasta que tenga** independencia económica (uso del subj.) — Gr. 16.8
4. No **es corriente que tomen** drogas. (uso del subjuntivo) — Gr. 16.4
5. **lo que más me gusta, lo que más hago** — Gr. 18.3

Fíjese también en estas expresiones e intente usarlas en sus conversaciones:

- Vivo con mis padres.
- Suelen vivir con sus padres.
- aunque hay excepciones
- Se van de casa; se fueron de casa.
- Quieres decir . . .
- Es fácil (hacerlo).
- conseguir (algo que se busca o necesita)
  recibir (algo que le dan o le traen a uno, como por ejemplo una carta)
- incluso barato
  ni siquiera por mucho dinero
- de vez en cuando
- en realidad
- Me las arreglo (con poco dinero).
- una vez a la semana
- pagarse lo suyo
- en ese sentido
- es decir . . ., o sea . . .
- No tengo ni cinco.
- Depende . . .
- Deja mucho que desear.
- como máximo/como mínimo
- Lo malo es que (es muy tarde).
- los domingos, los fines de semana
- de momento
- Lo que más hago es (nadar).
  Es lo que más me gusta.
- Esto lo veo muy negro.
- No sirve para nada.
- Lleva tres años sin trabajar.

1 Comprender

Preguntas sobre el texto

- ¿Hasta cuándo vivirá Germán con sus padres? ¿Cuándo tendrá un piso propio?
- Según Germán, ¿es corriente que los chicos de 18 años se vayan de casa?
- Los compañeros de Germán que se fueron de casa, ¿por qué acabaron yéndose?
- ¿Gana Germán dinero con cierta regularidad?
- ¿Cuántas veces le dan dinero sus padres? ¿Cuánto?
- ¿Las discotecas cuestan todas igual?
- ¿Qué quiere decir eso de que las chicas «se están liberando bastante»?
- ¿Qué dicen los chicos hoy día en vez de «mi novia»?
  ¿Qué pasa con esta palabra?
  Entonces, ¿qué dirán las chicas?
- ¿Qué le parece a Germán la calidad de la televisión?
- ¿Y qué le parece la radio?
- ¿Qué programa le gusta y cuándo lo oye?
- ¿Qué deporte le gusta más a Germán?

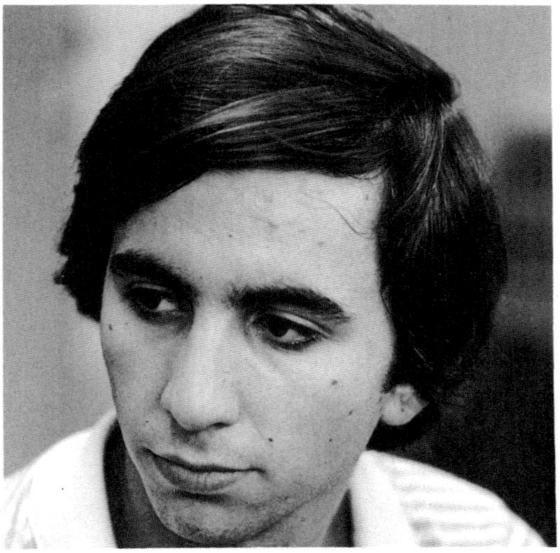

- ¿Qué dice de la sociedad española?
- ¿Qué dice la gente mayor, según él?
- ¿Está él de acuerdo con esto?

2 Expresarse

Piense Vd. por lo menos en 5 preguntas que Vd. le haría a Germán para saber más de él.

3 Expresarse

Diga o escriba Vd. en pocas frases qué impresión le hace Germán según lo que ha dicho y cómo lo ha dicho.

4 Gramática

Resulta que Vd. y la persona con que habla tienen un amigo común. Pero hace mucho tiempo que la otra persona no ha visto a ese amigo suyo. Dígale Vd. que *sigue siendo igual* y que *sigue haciendo las mismas cosas.*

a. Cuando le vi la última vez, vivía todavía con sus padres.
b. Estudiaba en la universidad.
c. Dependía completamente de sus padres.
d. Daba clases de inglés.
e. Salía con Carmen.
f. Los dos se querían mucho.
g. Fumaba bastante.
h. Pero no bebía nada. (Y sigue sin beber).
i. Tenía muchos amigos latinoamericanos.
j. Se reunía con ellos frecuentemente.
k. Le gustaba mucho ir a bailar.
l. Tenía unas ideas políticas que yo no comprendía.
m. Era un chico simpatiquísimo.

5 Gramática

(no) es corriente – es mejor – es posible
(no) es probable – lo más probable es . . .

Viven fuera de casa.
– Es corriente que vivan fuera de casa.

a. Viene tarde a casa.
b. Trae algunos amigos a casa.
c. Ahora tiene dinero.
d. Salen todos juntos a bailar.
e. Oyen «Hora 25» en la radio.
f. Esto lo hacen muchos de su edad.
g. Se lo dice a su padre.
h. La discoteca es muy cara.
i. Toma drogas.
j. Ha dejado de tomar drogas.
k. Se va de casa de sus padres.

6 Gramática

Ahora contesta Vd. libremente, empleando las mismas expresiones del ejercicio anterior (*es corriente que,* etc.):

- ¿Cuándo le van a visitar sus amigos?
- ¿Su hija/amiga va a ser enfermera?
- ¿La novia de su hijo/amigo paga lo suyo cuando salen juntos?
- ¿Cuándo va a ir Vd. a España? Seguramente este verano, ¿no?
- ¿Cómo va a ir? ¿En coche, en avión . . .?
- ¿Por qué hay tanta gente mayor que no está contenta con la juventud de hoy?
- ¿Es diferente de verdad la juventud de hoy?
- ¿O es que los mayores se han olvidado de cómo eran ellos de jóvenes?

7 *Expresarse*

¿Qué es lo que más le gusta hacer? Busque Vd. las frases que más le interesan a Vd. y cuente algo más (¿por qué?, ¿para qué?, ¿cuándo?, ¿qué exactamente?, ¿qué tipo de . . .?):

Lo que más me gusta es Lo que más hago de momento es Lo que menos me gusta es Lo que menos me gusta es tener que	levantarme tarde. reunirme con . . . dar una vuelta con . . . tomar . . . ir a . . . ir de compras. hacer deporte. jugar a . . . (con . . .) quedarme en casa para . . . tocar . . . oír . . . ver . . . citarme con amigos y . . .

8 *Discutir*

A (hijo o hija) les acaba de decir a sus padres, B y C, que quiere irse de casa. Les explica sus razones.
Los padres, B y C, reaccionan de manera diferente ... D, un amigo de la familia, intenta darles algún consejo.
Intente Vd. identificarse con A, B, C o D.

9 *Discutir*

La persona A, un chico de 15 años, ha empezado a fumar. B quiere convencerle para que lo deje (aunque él mismo fuma).
Intente Vd. identificarse con A o con B.

10 *Opinar*

Lo que leen los jóvenes

	%
Literatura (clásica, moderna, etc.)	38
Libros-reportaje sobre temas de actualidad	31
Novelas (oeste, policíacas, etc.)	26
Libros políticos	23
Sobre temas científico-técnicos, etc.	22
Poesía	22
Biografías, libros de historia	19
Sobre naturaleza, animales	9

El 71 por 100 de los jóvenes lee libros, y la media de lectura es, más o menos, de dos libros y medio al mes.

- ¿Cree Vd. que en su país leen más, o menos?
- ¿Cuántos libros lee Vd. al mes, al año?
- ¿Qué tipo de libros prefiere Vd. leer?

Lo que poseen los jóvenes

	%
Magnetofón o cassette	32
Cámara fotográfica	30
Bicicleta	28
Radio o transistor	26
Guitarra	26
Tocadiscos	20
Máquina de escribir	20
Calculadora de bolsillo	18
Motocicleta	12

- ¿Qué hacen los jóvenes con estas cosas?
- ¿Por qué cree Vd. que son tan importantes para ellos?
- ¿Cuáles de esos objetos considera Vd. como una cosa útil?
  ¿Qué le parece un lujo innecesario?
- ¿Cuáles de estas cosas posee Vd.?
- ¿Cuáles de estas cosas compraría Vd. si pudiera? ¿Por qué?

11 *Opinar*

¿Qué diría Vd.?

- ¿Qué contestarían chicos que Vd. conoce a las preguntas que le hemos hecho a Germán?
- ¿Qué motivos pueden tener chicos para ya no querer vivir con sus padres?
- ¿Cómo reacciona o reaccionaría Vd. como padre/madre?
- ¿Qué motivos pueden tener los chicos que toman drogas?
- ¿Qué piensa Vd. de la droga (y del tabaco, y del alcohol)?
- ¿Cree Vd. que es mejor que los chicos tengan una cantidad fija a la semana o que pidan lo que necesitan a sus padres cada vez?

- ¿Cuánto dinero tienen a su disposición los chicos que Vd. conoce y qué hacen con él?
- ¿Cree Vd. que los jóvenes tienen hoy día más libertad que antes?
- ¿Tienen los jóvenes que Vd. conoce también la tendencia a ver menos la televisión? ¿Oyen más bien la radio?
- ¿Cree Vd. que se están perdiendo determinados valores morales? ¿Puede dar algún ejemplo?
- ¿Qué suelen decir los mayores de los jóvenes?
- ¿Y qué dicen los jóvenes de los mayores?
- ¿Y la opinión de Vd.?

12 Gramática

Sale con una chica.
La chica con la que sale . . . (es muy simpática).

Complete Vd. libremente estas frases.

a. Sale con una chica.
b. Trabaja en una empresa de importación y exportación.
c. Ha hablado con un mexicano.
d. Va siempre a una discoteca.
e. Ha aprendido mucho español con unas revistas.

13 Gramática

. . . hasta que tenga independencia económica; hasta que sea independiente.

Forme Vd. 15 frases que tengan sentido.

Me quedo esperando aquí	hasta que	salga el tren.
Quédate en la cama		encuentre otro trabajo.
No vas a conseguir nada		tenga más dinero.
No voy a volver a Madrid		sea independiente.
No salgo de aquí		se case.
No pienso casarme		le dé dinero para la discoteca.
No dejará en paz a su padre		sepa más del problema.
Ella quiere quedarse en casa		me digas lo que piensas.
Seguirá viviendo con sus padres		todo esté arreglado.
No puedo hacer nada		me hayan contestado.
		hagas lo que te digo.
		te vayas en el autobús.
		te pongas bien.
		me traigan la cuenta.
		venga mi hermano.

Puede Vd. expresar más o menos lo mismo con *antes que* (o *antes de que*), pero piense bien el sentido, ya que no es un ejercicio puramente automático. Ejemplo:

- *Me quedo esperando aquí hasta que salga el tren.*
- *No me voy a ir de aquí antes de que salga tu tren.*

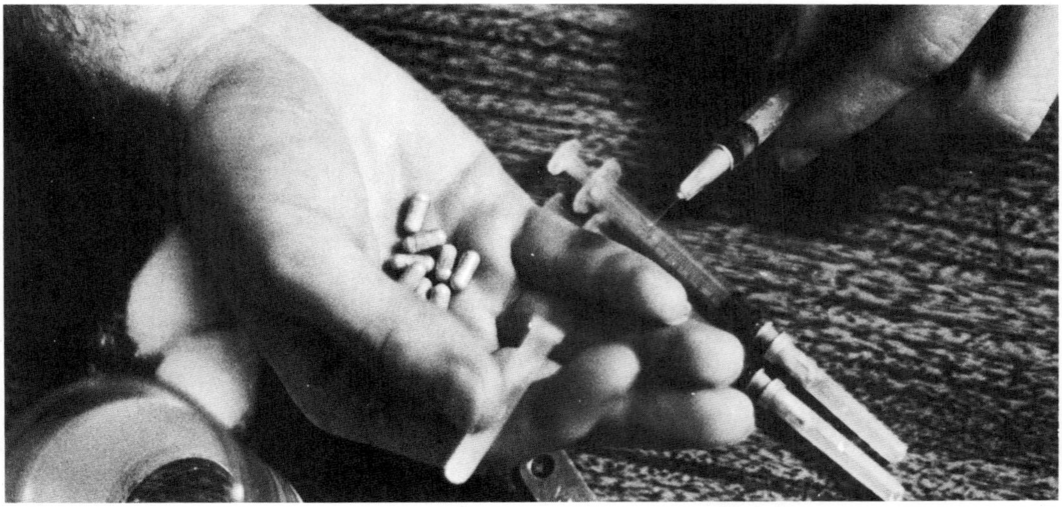

La droga, uno de los problemas de la juventud actual

14 Gramática

¿Y Vd.? Conteste libremente, pero intente usar las mismas estructuras del ejercicio anterior: *cuando venga, antes que venga, hasta que se vaya,* etc.

- ¿Cuándo vas a llamarme por teléfono?
- ¿Cuánto tiempo vas a estar en casa?
- ¿Cuándo quieres que te llame por teléfono?
- ¿Cuándo te conviene que te vaya a ver?
- ¿Cuándo tienes que terminar ese trabajo?
- ¿Cuánto tiempo vas a seguir esperando aquí?
- . . .

15 *Expresarse*

Escoja Vd. un tema para escribir lo que le parece:

- ¿Qué motivos tienen los chicos que toman drogas (o «se drogan»)?
- La droga, el tabaco, el alcohol . . .
- La juventud de hoy

16 *Comprender*

Imagínese que Vd. le hace esta pregunta a una española que Vd. todavía no conoce muy bien:

– *¿Me permite Vd. una pregunta? ¿Se aburre Vd. a veces?*

Escuche en la cinta (si hace falta, más de una vez) lo que le contesta.

- Cuente Vd. lo que ella le ha dicho.
- Diga qué tipo de persona es ella, según la impresión que le hace.
- ¿Qué trabajo o profesión cree Vd. que podría tener ella, según lo que dice?

- Al final, ella le hace una pregunta. Contéstele Vd. intentando darle algunos ejemplos concretos.

22 Carta de un hijo a todos los padres del mundo

Fíjese en estas estructuras gramaticales:

1. **dame - no me des**	Gr. 4
grita - no grites	Gr. 4.1
mantén tu decisión - no la mantengas	
admítelo - no lo admitas	
dímelo - no me lo digas	
2. No me des **todo lo que te pida.** Haré siempre **lo que tú hagas.**	Gr. 16.7
3. **Cuando estés equivocado,** admítelo. Lo haré **aunque tú no lo digas.**	Gr. 16.8
4. Esto **no quiere decir que no podamos** ser amigos.	Gr. 16.3

Fíjese también en estas expresiones:

- cambiar de opinión (de piso, de trabajo, de tren, de camisa, de ropa)
- hacer algo (o todo) por una persona
- estar equivocado en algo
- admitir un error
  admitir que uno está equivocado

1 *Expresarse*

El hijo, en su carta, rogando a los padres que hagan o no hagan determinadas cosas, describe indirectamente una situación real:

Hay padres que les dan a sus hijos todo lo que piden. No se dan cuenta de que los hijos a veces sólo piden para ver hasta cuánto pueden alcanzar . . .
Hay padres que les gritan a sus hijos . . .

Continúe Vd. contando lo que pasa frecuentemente.

2 Gramática

A veces es difícil saber qué hacer con los hijos. Háganse Vds. estas preguntas y den respuestas, explicando por qué las dan.
Un ejemplo:

- *¿Le doy lo que me pide?*
- *No se lo des. El sólo pide las cosas para ver cuánto te puede sacar. / (Sí, dáselo, es un buen chico y no me parece exagerado lo que te pide.)*

a. ¿Le prohibo que salga esta noche?
b. ¿Admito que me equivoqué?

c. ¿Le digo que el error fue mío?
d. ¿Le escucho cuando me dice todas esas tonterías?
e. ¿Le ayudo?
f. ¿Le digo lo que me parece?
g. ¿Le compro la moto que tanta ilusión le hace?
h. ¿Le dejo el coche este fin de semana? Quiere hacer un viaje con su novia . . .

3 Gramática

– *No está contento. ¿Le doy más?*
– *No estará contento aunque le des más.*

a. No hace lo que le digo. ¿Le grito?
b. No cambia de opinión. ¿Discuto toda la noche con él?
c. Conmigo no quiere ir a Italia. ¿Le dejo ir solo?
d. No hace lo que le dice su padre. ¿Se lo digo yo?
e. No quiere hacer ese trabajo. ¿Le ayudo?

Déles a las mismas frases un tono menos pesimista:
– *No está contento. ¿Le doy más?*
– *A lo mejor, si le das más, estará más contento.*

4 Expresarse

Formen Vds. grupos de hombres para escribir una «Carta de un marido a todas las esposas del mundo», y grupos de mujeres para escribir una «Carta de una mujer a todos los maridos del mundo».

5 Opinar

¿Qué diría Vd.?

- Cuéntense Vds. cómo les educaban sus padres, qué les gustaba y qué les parecía mal en esa educación. A lo mejor, con los años, ¿ha cambiado Vd. de opinión respecto a algunos puntos?
- ¿Cómo debe ser (o no) la educación de los chicos, hoy día? Intenten Vds. ponerse de acuerdo por lo menos sobre cinco reglas fundamentales.

6 Comprender

Imagínese que está hablando con un chico sobre la relación que tiene con su padre:

– *Santiago, ¿cómo son las relaciones con tus padres? ¿Tienes dificultades de que te comprendan en todo, o funciona bien la cosa?*

Escuche Vd. en la cinta o el cassette lo que le cuenta Santiago.

- ¿Dice que tiene problemas con su padre?
- ¿Cómo es su padre?
- ¿Qué ejemplo da para lo que dice?
- ¿Qué le molesta?
- ¿Cómo suele reaccionar su padre cuando le pide permiso para hacer algo?

23 Oficio de ligar

Fíjese en estas estructuras gramaticales:

1. Ligar **no es lo mismo que** flirtear.	Gr. 18.8
2. **lo de** salir con una chica	Gr. 17.2
3. **sigue creyendo . . . – se viene utilizando – va teniendo** unas relaciones . . .	Gr. 12.1
4. **mientras la mujer siga** siendo objeto	Gr. 16.8
5. **no** hemos adelantado **nada**	Gr. 27
6. aún no **ha descubierto** (participios irregulares)	Gr. 3.1
7. **entender a la mujer** como camarada	Gr. 17.1
8. **Nadie** ha conquistado **nunca** a **ninguna** mujer.	Gr. 27.2

Fíjese también en estas expresiones e intente usarlas en sus conversaciones:

Imagínese para cada expresión algunas situaciones en que las pueda emplear.

- estar de paso (en una ciudad)
- Se ha convertido en . . .
- dar un paso
- Es de esperar que (se encuentre una solución).
- Lo mejor será (esperar de momento).

1 Comprender

¿Es esto lo que quiere decir el texto?

- La palabra «ligar» es relativamente nueva, pero el hecho en sí es antiguo.
- El verbo «ligar» se emplea sólo hablando de chicas o mujeres.
- El verbo «salir» no define claramente el tipo de relación chico/chica.
- La juventud tiene las mismas formas de relación erótica que las generaciones anteriores.
- Muchos hombres tienen la idea de que la mujer es la parte activa en el ligue.
- Según Umbral, los madrileños comprenden que la mujer es más bien un camarada, una compañera.
- La guerra de los sexos es inútil porque en realidad siempre gana la mujer.

2 Expresarse

Saber arreglárselas ...
¿Cómo podría Vd. expresar más o menos lo mismo con otras palabras?

- No se trata de una palabra nueva.
- En los años cuarenta.
- Hoy día, las relaciones son menos hipócritas que antes.
- Se ha convertido en una moda.
- No hemos adelantado nada.
- Entiendo a la mujer como un camarada.
- Pepe es un ligón.
- El me ha recordado que tengo que llamar.
- Lo mejor será suspender la guerra de los sexos.

3 *Expresarse*

Ligar o no ligar, ésta es la cuestión ...
Pero no siempre va a ser ligar. A veces se trata sólo de
entrar en contacto con alguien, empezar simplemente una conversación, hacer amistad con alguien.

¿Cómo empezaría Vd. una conversación con alguien que le interesara ...?

- en un bar
- en un ascensor (del hotel, de la casa donde vive Vd. desde ayer, etc.)
- en una lavandería, teniendo que esperar un poco
- en ...

4 Gramática

A ver qué se le ocurre para completar estas frases:

a. Mientras este chico ligue como un loco, . . .
b. Mientras Pepita siga saliendo siempre con Manolita, . . .
c. Mientras los madrileños sigan creyendo que son ellos los que ligan, . . .
d. Mientras tú no comprendas que el amor es cosa de dos, . . .
e. Mientras la mujer siga siendo objeto «ligable», . . .

Solange -- (Bedingung)

5 *Discutir*

La persona A cree que con la moda de «ligar» tan de prisa, el amor se convierte en una cosa superficial, y es una pena. Otra persona, B, cree que las generaciones anteriores se perdían muchas ocasiones de tener unas relaciones normales y naturales con las personas del otro sexo en general.
C toma parte en la conversación y opina.
Intente Vd. identificarse con A, B o C.

6 *Opinar*

¿Qué diría Vd.?

- ¿Es más fácil que antes el contacto entre chico y chica, entre hombre y mujer?
- ¿Eran las relaciones antes más hipócritas? ¿Puede dar un ejemplo?
- Vd., señor, ¿intenta frecuentemente entrar en conversación con chicas? ¿Le ocurre a veces que se le dirigen señoritas para conocerle?
- Vd., señora/señorita, ¿le molesta que algún señor se dirija a Vd.? ¿Se dirige Vd. misma a un señor si le interesa?
- Vd., ¿qué ve bien o qué ve mal en las relaciones tales como suelen ser ahora? ¿O es que no se puede generalizar?
- ¿Qué es para Vd. una «mujer emancipada»?
- ¿Cómo son las relaciones hombre/mujer en su familia, en su trabajo, en sus estudios, . . .?

7 *Expresarse*

Escriba Vd. en 5 ó 10 líneas lo que es para Vd. una mujer emancipada.

8 Gramática

¿Qué frases se combinan?

a. Mientras llueva, . . . 6	1. tu hermano hace cosas serias.
b. Mientras estemos esperando a Carmen, . . 3	2. seguiré en éste.
c. Mientras trabajo, . . . 5	3. podemos tomar un café.
d. Mientras no encuentre otro piso, . . 2	4. propongo que pasemos por el Banco.
e. Mientras nos arreglen el coche, . . . 4	5. no bebo nunca.
f. Mientras tú no haces más que ligar, . . . 1	6. no saldré de casa.

während (zeitlich) ...

unidad 6

24 Machu Picchu

1 *Comprender*

Preguntas sobre el texto

- ¿Cómo se ha llamado Machu Picchu? ¿A qué se deberá?
- ¿Desde cuándo sabemos algo de la existencia de esta ciudad?
- ¿Fue Machu Picchu capital del imperio inca?
- ¿Qué es lo que se sabe de Machu Picchu?
- ¿Cómo solían construir los incas sus ciudades? ¿Por qué sería?
- Lo que vemos en Machu Picchu, ¿es una reconstrucción?
- ¿La tierra en Machu Picchu era buena para la agricultura?

Muros de la fortaleza de Ollantaytambo: un magnífico ejemplo de la grandiosa arquitectura incaica

25 Textiles andinos prehispánicos

Fíjese en estas estructuras gramaticales:

1. **A un ser** muy querido se **le** ofrecían telas como regalo.	Gr. 20.2
2. el siglo II, **al que** pertenecen – (pertenecer a . . .)	Gr. 23.1
3. el siglo II **(segundo)**	Gr. 19.3
3. Aún hoy **continúa** esta tradición. – (continuar)	Gr. 1.8

1 Comprender

¿Es esto lo que quiere decir el texto?

a. En Perú se han conservado pocos textiles antiguos.
b. Los textiles daban una idea de la importancia de la persona que los llevaba o poseía.
c. Los textiles se usaban para hacer regalos y pagar servicios.
d. Una importante colección de telas antiguas, todas muy parecidas, se descubrió en Paracas.
e. A la producción de tejidos se dedicaban diferentes especialistas.
f. Esta tradición se ha perdido en nuestros tiempos.

Las indígenas siguen haciendo sus tejidos con las mismas técnicas que hace 2000 años

2 Vocabulario

Escoja Vd. entre las palabras que siguen las adecuadas para completar el texto.

calidades – se comenzó – expresión – gracias a – se inventó – mientras – mientras que – para – sensación – tamaños – tradición

a. Se han conservado restos muy antiguos de textiles en Perú, gracias a un clima completamente seco.
b. Los textiles eran una expresión de la posición social de la persona.
c. Parece que el arte textil ce comenzó en Perú hace casi diez mil años.
d. Los tejidos antiguos eran de los más diversos tamaños .
e. Se han encontrado momias envueltas en treinta mantos muy finos, mientras que otras tenían sólo unas pocas telas sencillas.
f. La industria textil tiene una larga tradición en los Andes, que por suerte no se ha perdido aún.

3 Opinar

¿Qué diría Vd.?

- Describa Vd. cómo van vestidos los novios en una boda.
- ¿Cómo se viste Vd. cuando va Vd. a la oficina, cuando va al concierto o al teatro, cuando está invitado a comer, etc.?

4 Vocabulario

¿Conoce Vd. todas estas palabras?

cinturón – medias – calcetines – falda – vestido – traje – gafas – pantalón – camisa – jersey – impermeable

Hay una palabra que no pega en esta serie. ¿Cuál es? ¿Por qué? ¿Qué tienen en común las otras?
A lo mejor le da Vd. al grupo una definición diferente, y entran todas perfectamente.

26 La boda

Fíjese en estas estructuras gramaticales:

1. **Se escapa siendo** aún menor de edad.
   Susurró cogiéndome la mano.
   Bebimos de la botella **pasándola** de mano en mano. — Gr. 12.2
2. **mayor** que él – **menor** de edad — Gr. 18.2
3. conseguir: **consiguen** encontrar un alcalde (grupo pedir) — Gr. 1.5
4. Los casó **rápidamente** – había escuchado **tranquilo.** — Gr. 18.6

5. **a condición de que cambiáramos** un número — Gr. 16.5

6. **¡Qué más da que** la tinta **no sea** la misma! — Gr. 16.4

7. **era . . ., escribía . . .,** nos **saludó** (uso de los pretéritos) — Gr. 14.2

8. **Encontraron un alcalde** dispuesto a casarlos.
   Me dispuse a **buscar otro testigo.** — Gr. 17.1

9. **como si estuvieras robando** — Gr. 16.6

Fíjese también en estas expresiones e intente usarlas en sus conversaciones:

- a pesar de todo
  a pesar de todas las dificultades
- Ni siquiera se nos ocurrió pensar esto.
- Tiene sentido común.
- Qué más da . . .
- Lo que importa es lo siguiente . . .
  Lo que importa es que lleguemos pronto.
- ¡Dónde se ha visto una cosa así!

1 Comprender

¿Es esto lo que quiere decir el texto?

a. El alcalde de Grocio Prado no estaba dispuesto a fijar la fecha de la boda porque le parecía ilegal.
b. Se le ocurrió algo para que todo pareciera completamente legal.
c. La sala donde se casaron estaba bien amueblada.
d. Estaba encendida la luz eléctrica.
e. Por algunos detalles se notaba que se trataba de un edificio público.
f. El alcalde era un hombre muy lento.
g. Uno de los testigos pedía dinero por serlo.
h. El chófer dijo que faltaba algo importante.
i. El novio buscó otro testigo en la calle.
j. La novia estaba tranquila a pesar de todo.
k. El chófer volvió con vino.
l. Llenaron los vasos y bebieron.

2 Gramática

Comente Vd. lo que le cuentan de la boda, diciendo que (no) le sorprende, que (no) le extraña:

– *Tenían unos problemas horribles.*
– *(No) me sorprende/extraña que tuvieran problemas.*

a. El joven quería casarse con su tía.
b. Otros alcaldes no los querían casar.
c. No veían ninguna posibilidad de hacerlo.
d. El alcalde no aceptó a uno de los testigos, porque era menor de edad.
e. El chófer echaba de menos el vino.
f. La novia se ponía nerviosa de tanto esperar.
g. No había vasos para brindar.
h. Los novios estuvieron muy contentos de estar por fin casados.

3 *Opinar*

¿Qué diría Vd.?

- ¿Qué le parece la norma de que una persona menor de edad no pueda casarse sin el consentimiento de sus padres?
  ¿Cómo reaccionaría Vd. en un caso así, como padre/madre?
- Cuente la última boda a la que asistió.
- Cuente cómo le gustaría celebrar su propia boda (o cómo la celebró).
- Opine Vd. sobre las ventajas e inconvenientes del matrimonio.

4 Gramática

El alcalde estaba dispuesto a casarlos, pero *a condición de que* se *cambiara* un documento. ¿Qué condiciones pondría Vd.?

- Estaría dispuesto a casarme con ese hombre a condición de que ...
- Estaría dispuesto a trabajar tres años en América Latina a condición de que ...

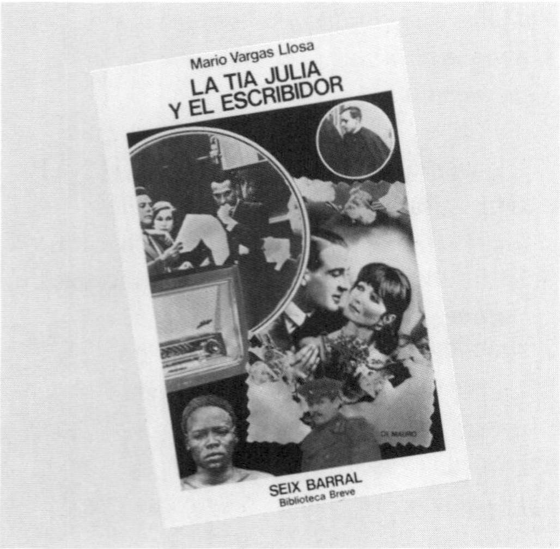

- Estaría dispuesto a cambiar de puesto de trabajo si ...
- Estaría dispuesto a alquilar ese piso a condición de que ...
- Estaría dispuesto a hacer horas extraordinarias hoy y mañana si ...
- Estaría dispuesto a presentarme en esa empresa a condición de que ...

5 Gramática

La tía Julia se sentía como si estuviera robando en un banco y fuera a llegar la policía. (O sea que estaba muy nerviosa).

¿Se le ocurre alguna comparación para las siguientes situaciones?

- (Vd. estaba muy cansado). Estaba como si ...
- (Vd. tenía mucha sed). Tenía una sed como si ...
- (El estaba muy enamorado de la chica). La miraba como si ...
- (Le compró Vd. un helado al chico). Se alegraba como si ...
- (Sus amigos no esperaban su visita). Me miraron como si ...

6 *Expresarse*

- Cada uno del grupo habla un minuto (o más) de una persona de su familia. Los otros le pueden hacer preguntas.
- Si prefiere, hable de una persona que tiene que ver con su trabajo.
- ¿Qué idea tiene Vd. de una persona (que todavía no conoce) con la que podría casarse?
  Si yo me caso, tendrá que ser una persona que (sea ..., tenga ..., etc.).

Le puede servir alguna de estas palabras:

agradable	alegre	joven/viejo	casado/soltero
simpático/antipático	divertido/aburrido	de cierta edad	viudo, viuda
callado/charlatán	sencillo/presumido	mayor	divorciado
serio, formal	sincero/falso	guapo/feo	está muy bien
amable	trabajador/vago	alto/bajo	de pelo rubio/
cariñoso	generoso/tacaño	delgado/	castaño/negro
servicial	de buen carácter	un poco gordo	pelirrojo
tranquilo/nervioso	de mal carácter	fuerte	. . .

27 La conquista del imperio inca

1 Comprender

¿Es esto lo que quiere decir el texto?

a. Había en los Andes muchos pueblos diferentes.
b. Hubo dos creadores del imperio inca.
c. Se celebraron ceremonias prometiendo una unión política para todos los tiempos.
d. Pizarro no tardó en darse cuenta de que había enemigos internos.
e. En Perú ocurrió algo parecido a lo que pasó en México.
f. Los diferentes reyes se aprovecharon de la llegada de los españoles para conseguir la independencia.
g. Los españoles respetaron la cultura que existía a su llegada.
h. Cuando Cuzco tuvo que reconocer a los nuevos señores, automáticamente los otros reinos tuvieron que reconocerlos también.
i. La conquista fue fácil gracias a una determinada situación política.
j. El autor no da importancia al hecho de que los españoles pudieran parecer como mandados por un dios.

2 *Expresarse*

Resuma Vd. por escrito las informaciones más importantes contenidas en el texto, teniendo en cuenta las siguientes preguntas:

- El Imperio inca, ¿era una gran Estado poderoso muy unido cuando llegaron los españoles?
- ¿Pasó algo parecido en otra conquista española en América?
- Los diferentes reyes, ¿perdieron mucho con la llegada de los españoles?
- ¿Podían conservar su cultura?
- El autor se refiere al final a tres teorías sobre la relativa facilidad de la conquista del Perú, diciendo que estas teorías son falsas. ¿Cuáles son? Entonces, ¿a qué se debió, según él, la fácil conquista?

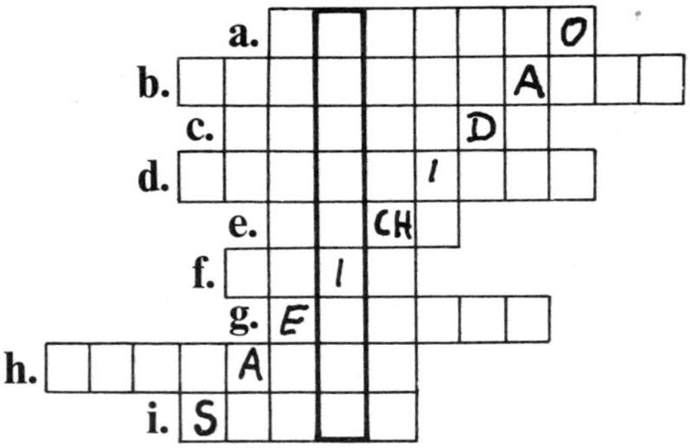

3 Vocabulario

Las palabras buscadas salen en el texto:

a. pasó
b. sacar ventajas
c. el que ha perdido la guerra
d. guerra que termina por ocupación
e. guerra
f. lo contrario del amor
g. país
h. conseguiste
i. expresión simbólica

4 Vocabulario

¿Conoce Vd. todas estas palabras?

viajero – tren – consigna – estación – llegada – salida – lavandería – vía – retraso

Hay una palabra que en realidad no pertenece a este grupo. ¿Cuál es? ¿Se le ocurre una frase corriente con cada una de estas palabras?

28 Iquitos, ciudad en la región amazónica

Fíjese en las siguientes estructuras gramaticales:

1. **más de 1.000** soles – no **menos de 200** personas — Gr. 18.4
2. **Quizás** esto **explique/explica** por qué ... — Gr. 16.4

Fíjese también en estas expresiones:

- Es de gran importancia.
- Es una mezcla de ... y ...
- Tengo la sensación de ...
- La temperatura es de ... grados.
- toda clase de productos
- a primera vista
- hacer la competencia a alguien
- Es una (gran) ventaja.
- Hay que protegerse del sol.
- Se ven obligados a ...
- Me echan en cara que (no les ayude).
- He disfrutado mucho de ...

1 *Comprender*

Preguntas sobre el texto

- ¿Está Iquitos en una zona muy desarrollada del país?
- ¿Es una ciudad moderna?
- ¿Qué tipo de clima tiene?
- ¿Qué dice el texto de los comercios de la ciudad?
- ¿Hay mucha circulación en Iquitos?
- ¿Hay una aduana en Iquitos que impida el contrabando?
- ¿Qué dice el texto de los precios de la comida en Perú?
- ¿Por qué hay en Iquitos unos precios especiales?
- ¿Por qué tienen las industrias unos gastos especiales?
- ¿Hay otra posibilidad de explicar el alto costo de la vida?
- ¿Se puede visitar desde Iquitos un campo petrolero?
- ¿Qué tipo de excursión ofrecen los hoteles?
- ¿De qué se disfruta en los albergues?
- ¿Viven tribus indias cerca de Iquitos?

2 Vocabulario

Recuerde Vd. las palabras o expresiones del texto que significan más o menos lo siguiente:

a. vivir una cosa con mucho gusto
b. no ahorrar de ninguna manera
c. el hecho de cortarse la energía eléctrica
d. quitar el efecto del sol o de la lluvia
e. intentar quitarle los clientes a otro comerciante u otro servicio
f. en el primer momento, cuando uno todavía no ha estudiado mucho la cosa
g. traer mercancías de otros países
h. tantos que sería difícil contarlos
i. tener una impresión (que a veces incluso se siente físicamente)
j. combinación de dos (o más) elementos que se han unido

3 Gramática

A ver qué se le ocurre para completar estas frases:

Si yo fuera a Iquitos,

- lo que me interesaría sería ...
- lo que me gustaría hacer sería ...
- lo que me gustaría ver sería ...
- lo que me sentaría fatal sería ...

Los que viven en Iquitos
- me dan pena porque ...
- les envidio porque ...
- no comprendo cómo ...

4 *Expresarse*

Preparen Vds. en pequeños grupos una descripción del pueblo en que viven.

- ¿Qué es un poco especial en su pueblo?
- ¿Qué tiene en común con otras ciudades de su país?
- ¿Cómo es el clima?
- ¿Qué tipo de gente vive allí?
- ¿En qué trabajan?
- ¿Está contenta la gente que vive allí? ¿Por qué, o por qué no?
- ¿Hay algo que llama especialmente la atención? ¿Algo que sorprende a primera vista?
- ¿Hay algo especial para ver, de comer, de beber?

5 Opinar

- Estando en Perú, ¿le gustaría o le interesaría ir a Iquitos? ¿Por qué (no)?
- Y si le ofrecieran un trabajo muy bien pagado en Iquitos, ¿firmaría Vd. un contrato por tres años? ¿Qué condiciones pondría Vd.?
- Si no fuera para trabajar, sino para hacer turismo, ¿qué le interesaría más hacer, ver o conocer en Perú?

6 Comprender

Imagínese que Vd. le hace esta pregunta a una amiga española:

- *¿Te parece cuando quieres informarte sobre un país, que hay preguntas que no se pueden hacer?*

Escuche en el cassette o en la cinta lo que le contesta.

- ¿Qué intenta ella saber primero?
- ¿Qué ejemplo da ella de cómo no se puede preguntar «a boca de jarro» si de veras quiere uno informarse?
- ¿Reconoce ella que hay cosas que uno no llegará a saber en una conversación, por ejemplo, con un extranjero que acabamos de conocer?
- ¿Le parece a ella una buena idea provocar a veces a la otra persona, para saber más de ella?

- Y Vd., ¿podría dar Vd. un consejo de cómo conseguimos mejor que la otra persona nos hable de todo lo que queremos nosotros?

7 Vocabulario

naranja – patata – plátano – judía – cereza – fresa – ciruela – melocotón – pera

Hay dos palabras que no pegan en esta serie. ¿Cuáles son? ¿Por qué? ¿Qué tienen en común las otras?

La región amazónica, un ambiente de exuberante vegetación con pocas vías de comunicación

unidad 7

29 Un parado

Fíjese en estas estructuras gramaticales:

1. ¿Qué puestos de trabajo **has tenido hasta ahora?**	Gr. 14.3
2. **Cuando acabé la carrera, fui . . ., pasé . . ., adquirí . . .**	Gr. 14.2
3. **está prohibido – está permitido**	Gr. 11
4. el estatuto, **según el cual** pueden hacer contratos . . .	Gr. 23.1
5. **En la vida** entra fijo – **no** entra **nunca** fijo.	Gr. 27.4
6. Se les emplea **el tiempo que se quiera.**	Gr. 16.8
7. **sin** llegar a estar fijo **en ningún sitio**	Gr. 27.2
8. **Sería absurdo que rechazaran** una oportunidad así.	Gr. 16.9
9. **a los seis meses de** cobrar el paro	Gr. 25

Fíjese también en estas expresiones e intente usarlas en sus conversaciones:

Imagínese para cada expresión algunas situaciones en que la pueda emplear.

- suficiente como para . . .
- Depende del número de hijos.
- por poco tiempo
- Total que . . .
- Yo me pregunto cómo . . .
- En realidad hay diferentes tipos.
- He conseguido un puesto de trabajo. (no confundir *conseguir/recibir)*
- sacar/ganarse unas perras
- a la larga
- al mismo tiempo
- tener una oportunidad
- a tiempo
- Me cambié a otra empresa; cambié de empresa.

1 Comprender

Preguntas sobre el texto

- ¿Qué puestos de trabajo ha tenido Manolo García?
- ¿Ha cambiado mucho de puestos porque no estaba contento?
- ¿A qué se debe, según él, que la última empresa en que trabajaba tuviera que cerrar?
- ¿Ha cambiado algo en el sistema de impuestos?
- Cuando perdió el trabajo, ¿se quedó completamente sin dinero?
- Manolo habla de tres tipos de desempleo. ¿Cuáles son?
- Manolo comprende que haya gente que engaña al seguro de desempleo. ¿Por qué?

2 Gramática

Cuente Vd. la vida de su amigo Manolo.

a. Manolo (trabajar) ________________ mucho en su vida.
b. (empezar) ________________ a trabajar como ingeniero de minas.
c. Luego (pasar) ________________ a ser ingeniero de mantenimiento.
d. En ese puesto (aprender) ________________ bastante.
e. Luego (trasladarse) ________________ a Madrid, a trabajar en un gran taller.
f. Su mujer (ser) ________________ de Madrid, y la familia de su mujer (vivir) ________________ también en Madrid.
g. Con la crisis del petróleo (empezar) ________________ también una crisis de muchas industrias.
h. Cuando su empresa tuvo que cerrar (tener) ________________ 250 empleados.

3 Expresarse

Imagínese que éstos son los datos de su vida, señor, y cuéntela:

a. nacer en 1948
b. ir al colegio de . . . a . . .
c. empezar a estudiar idiomas
d. tener 18 años, interesarse por los idiomas
e. casarse en 1972
f. mi mujer, española
g. conocerse en Santander
h. padre de mi mujer, mecánico; tener un taller en Santander
i. mi mujer, empezar a aprender alemán; al principio, resultarle difícil
j. buscar piso en Berlín
k. trasladarse a Munich y tener suerte:
l. encontrar una casa no muy cara
m. comprar la casa con un crédito
n. la casa, cerca de donde trabajaba
o. siempre tener suerte con todo
p. tener el primer hijo en 1976
q. . . .

Imagínese que éstos son los datos de su vida, señora, y cuéntela:

a. nacer en 1956
b. ir al colegio de . . . a . . .
c. ir a Barcelona 2 años para aprender español, tener facilidad para los idiomas
d. conocer al futuro marido español
e. volver a mi país con él
f. trabajar juntos en agencia de viajes, de mi padre
g. esperando el primer hijo
h. mi marido, descontento en mi país . . .
i. . . .

Y ahora, cuente Vd. algunos datos de su propia vida a un compañero. Este, a su vez, les dirá después a los otros compañeros lo que Vd. le ha contado. Le hará algunas preguntas, y Vd. sabrá qué preguntas quiere contestar y cuáles no.

4 Gramática

el cual – la cual – los cuales – las cuales – lo cual (= lo que)

a. En Asturias, Manolo tuvo un contrato según ________________ era responsable de la maquinaria.
Allí trabajaba en la
b. empresa dentro de ________________ había trabajado ya como ingeniero de minas.
Así adquirió mucha experiencia en
c. mecánica, ________________ le resultó útil cuando buscó trabajo en Madrid.
Recuerda con mucho gusto los años du-
d. rante ________________ todo parecía funcionar sin problemas. Luego entraron en crisis muchas industrias, entre
e. ________________ algunas despidieron a todos los obreros y empleados.

5 Gramática

Es lógico que no rechace este trabajo. – Sería absurdo que lo rechazara.

¿Qué elementos se combinan?

Es natural	que ahora no cambie de trabajo.
Es mejor	que encontrara trabajo.
Es difícil	que cobre el desempleo (aunque tenga chapuzas).
No creo	si cambiara ahora de trabajo.
El sería idiota	que no cobrara el desempleo.
Sería fantástico	que le echaran precisamente a él.
Sería absurdo	que le echen a él (porque trabaja muy bien).
	que busque un puesto fijo.
	si no buscara un buen trabajo.
	encontrar trabajo hoy día.

6 *Discutir*

Una señora, A, puede hacer trabajos de mecanografía (escribir a máquina) en su casa, para una gran empresa, y ganar con ello casi el 50% más de lo que ganaría en un puesto fijo que le han ofrecido. Está casada y tiene dos hijos de 4 y 7 años.
Unos amigos suyos, B y C, discuten con ella las ventajas y desventajas de cada uno de estos trabajos.
Intente Vd. identificarse con A, B o C.

7 *Discutir*

A, el hijo de unos amigos suyos, de 17 años, muy inteligente, podría empezar una carrera universitaria, pero no quiere. De momento se está ganando ya la vida tocando la guitarra en un grupo «pop», con el cual ha hecho un primer elepé (disco LP) que no tiene mucho éxito. Su madre/padre, B, quiere que estudie y piense seriamente en su futuro.
C, un amigo del hijo, del mismo grupo «pop», y D, un amigo de los padres, toman parte en la discusión.
Intente Vd. identificarse con A, B, C o D.

8 *Opinar*

¿Qué diría Vd.?

- ¿Sabe Vd. cuántos parados hay de momento en nuestro país?
- ¿Quién tiene más dificultades en encontrar trabajo?
- ¿Puede Vd. imaginarse una vida sin trabajo?
- ¿Se le ocurre algo que podría hacerse para que hubiera más trabajo?
- ¿Qué cree Vd. que es lo peor para un parado?
- ¿Estaría Vd. dispuesto a cambiar de profesión u oficio?
- ¿Estaría Vd. dispuesto a trasladarse a otra ciudad para ganar más?
- Estaría Vd. dispuesto a aceptar un trabajo peor pagado que el que tiene?
- ¿Hacen algo los sindicatos en su país para evitar que aumente el paro?

9 Gramática

Ponga la palabra que falta.

a. ¿Has hablado con alguien?
No he podido hablar con ________________
b. ¿Hay algo de nuevo?
No, no hay ________________ de nuevo.
c. ¿Tu amigo siempre es así?
No, no le he visto ________________ como hoy.
d. ¿Dijo algo cuando se fue?
No, no dijo ________________
Se fue sin decir ________________
e. ¿Tú has visto a Carmela en alguna parte?
Yo también quisiera verla, pero no la encuentro en ________________ parte.
f. Ni su madre ni nadie la ha visto en ________________ sitio. ¡Qué raro!
g. Espero que no le haya pasado ________________ .

10 Gramática

¿Qué frases se combinan mejor?

Me gustaría que Me haría Vd. un gran favor si Sería estupendo que Estaría muy contento si	viniera conmigo a cenar. me dijera dónde vive. pudiera llamarme mañana. tuviera tiempo mañana. fuera conmigo a la discoteca. supiera dónde está Carmela. hiciéramos algo juntos esta tarde. quisiera darme ese trabajo.

11 Gramática

Háganse las preguntas que siguen. En la conversación pueden orientarse en este modelo:

- *¿Tiene Vd. mucho tiempo libre?*
- *No, desgraciadamente no./Sí, bastante.*
- *¿Qué haría Vd. si (no) tuviera mucho tiempo libre?*
- ...

a. ¿Tiene Vd. mucho tiempo libre?
b. ¿Tiene Vd. coche?
c. ¿Gana Vd. mucho?
d. ¿Le gusta su profesión/su trabajo?
e. ¿Puede Vd. dormir bien?
f. ¿Está Vd. enfermo frecuentemente?
g. ¿Depende Vd. de sus padres/de sus hijos?

12 Comprender

Escuche Vd. una conversación con Esperanza, una empleada del hogar. Tiene 35 años, es casada y tiene dos hijos.

- ¿Qué tipo de trabajo tiene Esperanza?
- ¿Cuándo tiene más trabajo, cuándo menos? ¿Por qué?
- ¿En qué trabaja su marido?
- ¿Tiene él un trabajo seguro y fijo?
- ¿En qué situación estuvo antes, hace dos años?
- ¿Dónde están los niños cuando Esperanza va a trabajar? ¿Puede dejarlos con la abuela?
- ¿Aprendía Esperanza gallego en el colegio?
- ¿Tiene ella una buena formación de colegio?
- ¿Cuándo dejó el colegio, y por qué?
- ¿Para qué salió Esperanza de Galicia?
- ¿Está contenta de trabajar?
- ¿Qué le gustaría que fuera un poco diferente?
- ¿Trabaja simplemente para no aburrirse?

13 Comprender

Imagínese que Vd. está hablando con una amiga española sobre la vida en España y le hace esta pregunta:

- *Ya sé que todos los precios van subiendo en España, pero dime en qué se nota más.*

Escuche en el cassette o en la cinta lo que le dice:

- ¿Qué está más caro?
- ¿Quién habla o se ocupa del tema?
- ¿Cómo vive mucha gente?
- ¿Qué dice su amiga de cines, teatros, bares?
- ¿Se nota mucho a primera vista que la gente ya no se puede permitir ningún lujo?
- ¿Qué dice del fútbol, de los espectáculos . . .?
- ¿Y de las carreteras?
- ¿De qué se entera uno cuando se habla con la gente?

31 Españoles por Europa

Fíjese en estas estructuras gramaticales:

1. Los había **visto** comer pan . . .	Gr. 3.1
2. Le sonreía **diciéndole** que en España se vive mejor . . .	Gr. 12.2
3. En España se vive **mejor que en ningún lado.**	Gr. 27.3
4. españoles **de un metro sesenta y cinco**	Gr. 25.

1 *Comprender*

Preguntas sobre el texto

- ¿Qué detalles caracterizan a un tipo inconfundible de español en el extranjero, según Goytisolo?
- ¿Describe Goytisolo un tipo de persona mayor?
- ¿Qué le parece la conversación que el holandés mantiene con el emigrante?
- ¿Qué le parece la reacción del emigrante?
- ¿Cuál es la causa concreta que hace salir del país a los emigrantes?
- Según el texto, ¿saben los emigrantes lo que pasa en su país?
- Según el texto, ¿cuál es muchas veces el motivo de la vuelta inesperada a España?
- ¿Se consideran en España los emigrantes como «pobres hombres», según el texto?
- ¿Vuelven como hombres pobres?

2 Vocabulario

Las palabras buscadas salen en el texto.

a. persona que ha salido de su país para trabajar en otro
b. es atractivo
c. situación de dejar el trabajo para conseguir algo
d. medida
e. algo de comer, típicamente español
f. concentrado en algo
g. lo que hay al final
h. de piel y pelo oscuros

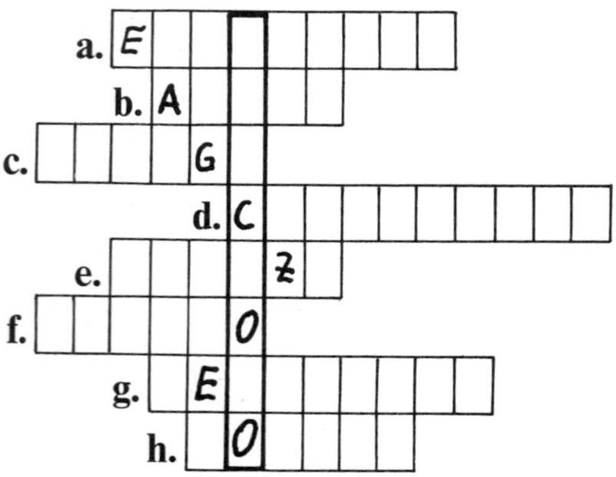

3 Gramática

El emigrante sonreía. Dijo que sí.
El emigrante sonreía diciendo que sí.

a. Charlaban. Comían chorizo.
b. Discutían. Gritaban.
c. Se peinaba el pelo ondulado. Se miraba al espejo.
d. Esperaba en el bar de la esquina. Tomaba café y fumaba.
e. Invitaba al holandés. Le decía que viniera a su casa.
f. Se entusiasmaba. Hablaba de las chicas de Andalucía.
g. Había vagabundeado por muchas partes de España. Había buscado trabajo y había pasado hambre.
h. Se enteraba de lo que pasaba en España. Leía periódicos españoles.
i. Evitaba la comida europea. Guisaba él mismo.

4 *Opinar*

¿Qué diría Vd.?

- ¿Conoce Vd. a emigrantes españoles?
  ¿Cómo viven?
  ¿Qué problemas tienen?
  ¿Consiguen con facilidad el permiso de residencia?
  ¿Se integran ellos a la vida social de donde viven?
  ¿Hasta qué punto son aceptados por los compañeros de trabajo, por la sociedad?
  ¿Cómo hablan nuestro idioma?
  ¿Cómo hablan el español?
- ¿Representa la emigración un problema para España misma?
- ¿Adónde emigraría Vd.? ¿Por qué? ¿Para qué?
  ¿Tendría Vd. la idea de volver en diez o quince años? ¿Por qué (no)?

5 *Expresarse*

Escoja Vd. un tema para escribir:

- Emigrantes en nuestro país.
- Un emigrante español a quien conozco.
- Los motivos que yo podría tener para emigrar algún día.

unidad 8

32 El papel de la Iglesia en América Latina

Fíjese en estas estructuras gramaticales:

1. La Iglesia **va adquiriendo** una importancia cada vez mayor.	Gr. 12.1
2. **El 90%** de la población.	Gr. 17
3. **al finalizar este siglo**	Gr. 13.2
4. **más de la mitad - más de 50**	Gr. 18.4
5. **Fueron encarcelados,** torturados, asesinados ... Las características de la actitud de la Iglesia **quedaron concretizadas** en Puebla.	Gr. 8.2
6. La Iglesia **tomó una actitud** social comprometida **considerando** que ...	Gr. 12.2
7. **muchos hijos suyos**	Gr. 21
8. jóvenes desorientados **por no encontrar** su lugar en la sociedad	Gr. 13.1

1 Comprender

Preguntas sobre el texto

- ¿Va creciendo o disminuyendo la importancia de la Iglesia en América Latina?
- ¿Hay muchos católicos en Latinoamérica?
- ¿Cuántos serán en el año 2000?
- ¿Cuál es la importancia de las conferencias de Medellín y de Puebla?
- ¿En qué consiste la nueva actitud de la Iglesia y qué consecuencias ha tenido?

2 Gramática

La Iglesia católica va adquiriendo una importancia cada vez mayor.

a. la población latinoamericana - ser numerosa
b. el porcentaje de latinoamericanos entre los católicos - ser elevado
c. la Iglesia - sentirse solidaria con los pobres
d. la Iglesia - ser progresista
e. la Iglesia - tomar una actitud comprometida
f. el número de sacerdotes encarcelados - ser grande/mayor
g. la Iglesia - defender los derechos de los pobres.

3 Vocabulario

Tienen Vds. 3 minutos para apuntar palabras que tienen que ver con la vida pública. Luego se compararán las listas, y se discutirá si todas las palabras apuntadas van bien con el tema.

33 Puebla

1 *Comprender*

Haga Vd. un resumen del texto publicado por la conferencia de Puebla, expresando de manera sencilla su contenido.

- ¿Cómo describe el documento al hombre latinoamericano?
- ¿De qué se va dando cuenta cada vez más el hombre latinoamericano?
- ¿Qué pasa con las características propias de los países latinoamericanos y las culturas indias?
- ¿Pueden conseguir algo concreto los pueblos latinoamericanos?
- ¿Es inevitable que los pueblos latinoamericanos sigan tan pobres?
- ¿Qué se dice en el texto de los niños de las ciudades?
- ¿Por qué están desorientados y sin esperanza muchos jóvenes?
- Los indios y los negros, ¿están en igualdad de condiciones con los blancos? (¿Qué significa que los obispos no hablen de «indios y negros», sino de indígenas y afro-americanos?)
- ¿Qué problemas tienen los campesionos tanto sociales como económicos?
- ¿Qué problemas tienen los obreros? ¿Hay sindicatos bien organizados?
- ¿A qué se debe en muchos casos la falta de trabajo?
- ¿Qué pasa muchas veces con las personas mayores?
- ¿Qué derechos fundamentales del hombre se mencionan?
- ¿Se respetan estos derechos? ¿Se respeta la dignidad humana?

2 *Opinar*

¿Qué diría Vd.?

Comparen Vds., punto por punto, lo que dicen los obispos latinoamericanos con lo que Vd. diría de la situación en su país.

- ¿Cómo es el hombre de su país (o el hombre europeo en general)?
- ¿Está comprometido en cuestiones políticas y sociales?
- ¿Hay conciencia de los valores tradicionales de cada país, de cada región?
- Los niños de nuestras ciudades, ¿cómo viven, qué comen, qué educación tienen?
- ¿Hay jóvenes desorientados o desesperados?
- ¿Qué grupos marginados hay?
- ¿Pueden los obreros organizarse y defender sus derechos?
- ¿Cómo viven las personas de edad?

3 Vocabulario

Den Vds. mismos las definiciones o explicaciones de cada una de estas palabras:

a. D E S G R A C I A
b. D E R E CH O
c. S A L U D
d. O B L I G A C I O N
e. V I D A
f. E S P E R A N Z A
g. P R O G R E S O
h. C O N C I E N C I A
i. E D U C A C I O N
j. C O M P A R T I R
k. V I V I E N D A

4 *Comprender*

Imagínese Vd. que hablando con un cura católico le hace Vd. esta pregunta:

– *¿Ha habido tensiones entre la Iglesia y el Estado en España con las nuevas leyes de divorcio, etc.?*

Escuche en el cassette o la cinta lo que le contesta.

- ¿Considera el cura que la existencia de una ley de divorcio es una cosa anormal en España?
- ¿Es para él España un Estado católico? Si no, ¿qué Estado es?
- ¿Reconoce que ha habido tensiones entre la Iglesia y el Estado?
- ¿Piensan igual todos los representantes de la Iglesia a este respecto?

35 Asalto a una iglesia

Fíjese en estas estructuras gramaticales:

1. estaba diciendo su misa – decir: **diciendo** Gr. 2.1
2. una manifestación **perseguida por** la policía Gr. 25.1
3. La misa **fue interrumpida.**
   La iglesia **fue evacuada.**
   Monseñor C. **no pudo ser conducido** al hospital.
   Fue llevado al despacho parroquial ... Gr. 8.2

1 *Comprender*

Preguntas sobre el texto

- ¿Le sorpendió al párroco el asalto a su iglesia?
- ¿Por qué no desapareció a tiempo?
- ¿Quién entró primero en la iglesia? ¿Y luego?
- Cuando la iglesia se llenó de gas lacrimógeno, ¿salió la gente inmediatamente?
- ¿Dónde estalló una bomba de mano?
- ¿Resultó herido el párroco?
- ¿Qué tuvieron que hacer las mujeres?
- ¿Por qué no se llevaron las ambulancias a los heridos?
- ¿Quién dijo que la gente de la iglesia estaba tirando a la policía?
- ¿Cuándo pudo el médico prestarle los primeros auxilios al párroco?
- ¿Habían terminado los ataques?
- ¿Cuando cayó el régimen?

2 Vocabulario

Explique, con palabras diferentes o poniendo un buen ejemplo, estas expresiones:

a. El tenía informes de que . . .
b. No renuncio a mi derecho.
c. La misa fue interrumpida.
d. en un instante
e. Impidieron la salida de la gente. (Impidieron que la gente saliera.)
f. en el interior de la iglesia
g. El párroco resultó herido. Tuvo heridas en las piernas.
h. a pesar de la confusión
i. Le condujeron al hospital.
j. Por fin, un médico logró llegar hasta él.
k. Aquello no podía durar mucho tiempo.

Gabriel García Márquez

3 *Opinar*

¿Qué diría Vd.?

El artículo de Gabriel García Márquez describe hechos. Ni pregunta ni informa por qué pasó todo aquello, probablemente porque sus lectores no necesitan más explicaciones. Discutan Vds. (o escriban algunas frases) sobre las probables razones de la situación.

4 Vocabulario

A ver si Vd. conoce bien todas estas palabras:

carta – correos – postal – sello – tarjeta – correr – sobre – urgente – certificado – paquete

Hay una palabra que no tiene nada que ver con el tema general a que pertenecen las demás. ¿Cuál es? ¿Y cuál es el tema general de las demás?

unidad 9

37 Soy catalana

Fíjese en estas estructuras gramaticales:

1. Mercedes **sigue (estando)** en contacto con ... lo que **se va consiguiendo** en Cataluña	Gr. 12.1
2. la **impresión de que** la gente está contenta	Gr. 9.1
3. **Creo que** no **están** contentos – **no creo que estén** contentos.	Gr. 16.3
4. **Mientras** el gobierno de Madrid **vaya administrando** las finanzas, no **habrá** autonomía.	Gr. 16.8
5. No sólo se habla catalán, **sino que** se aprende. No sólo hablan catalán, **sino** también español.	Gr. 27.1
6. **Hay** una votación – **hubo** una votación.	Gr. 6.2

Fíjese también en estas expresiones e intente usarlas en sus conversaciones:

Imagínese para cada expresión algunas situaciones en que la pueda emplear.

- ¿Cuántos años llevas en Francia?
- aproximadamente 5 años
  5 años, más o menos
- una vez al año
- tomar en serio
- de siempre/desde siempre (ha habido) ...
- al principio/al final
- en cuanto a (esta pregunta ...)
  en cuanto al idioma ...
- antes/ahora
- por cuestiones sociales/profesionales
- Está orgulloso de ...

1 *Comprendre*

Preguntas sobre el texto

- ¿Cuánto tiempo lleva fuera de España Mercedes?
- ¿Cómo se gana la vida?
- ¿Va frecuentemente a su país?
- ¿Cómo se entera de lo que pasa en España?
- ¿Cómo ve Mercedes el problema de la autonomía de Cataluña?
- ¿Qué impresión tiene ella de lo que se piensa en Cataluña de esto?
- ¿Los catalanes siempre han apreciado igual su idioma, según Mercedes?
- ¿A quién causa problemas el que se hable catalán en Cataluña?
- ¿Quiénes parecen más dispuestos a aprender catalán, según Mercedes?

2 Gramática

Cuando Mercedes quiere informarse, compra la Vanguardia. – Cuando quieras informarte, te dejaré unos libros.

Estamos hablando de Mercedes. ¿Qué elementos se combinan?

Cuando necesita libros	volverá a Cataluña.
Cuando haya hecho el examen	va a la biblioteca.
Cuando acabe sus estudios	se decidirá definitivamente.
Cuando sea ya profesora	se comprará libros allí.
Cuando va a España	siempre visita a su familia.
Cuando esté en España	ya no dará clases particulares.
Cuando vaya a España	será profesora.
Cuando sepa si le dan el puesto	le saldrá muy bien.

3 Gramática

Tengo la impresión de que Mercedes está muy bien informada.

Complete Vd. libremente estas frases hablando de lo que quiera: del tiempo, de unos amigos, de los precios de este año, des sus hijos/padres, etc.

a. Tengo la impresión . . .
b. Tengo la suerte . . .
c. Tengo la experiencia . . . ¿Y Vd.?
d. Tengo la sospecha . . . ¿no le parece?
e. (No) me gusta la idea . . .
f. Tengo entendido que . . .

4 Gramática

Diga Vd. lo mismo, pero empiece diciendo «No creo que . . .» en vez de «Creo que no . . .»

a. Creo que muchos extranjeros no se interesan por el problema catalán.
b. Creo que muchos no saben que siempre hemos sentido la necesidad de conseguir más independencia de Madrid.
c. Creo que no hay ningún catalán que en esto piense diferente.
d. Tengo la impresión de que la gente todavía no está contenta con lo que se ha conseguido.
e. Creo que lo conseguido hasta ahora no puede ser todo.
f. Creo que todavía no se hace lo suficiente, por ejemplo, para que todos aprendan bien el catalán.
g. Creo que en la universidad no todos entienden bien el catalán.
h. Pero creo que no hay graves problemas.
i. Creo que los estudiantes latinoamericanos, los españoles y hasta los franceses no tienen mucha dificultad en aprender catalán.

Diga Vd. ahora cosas que Vd. personalmente cree o no cree

- en cuanto al tiempo que va a hacer mañana
- en cuanto a los precios y el coste de vida
- en cuanto a sus planes de vacaciones
- etc.

5 *Opinar*

¿Qué diría Vd.?

- ¿Compra Vd. de vez en cuando algún periódico o revista extranjeros?
- ¿Por qué los compra? ¿Qué lee en ellos?
- ¿Le parece útil tener en un país varios gobiernos regionales?
- ¿De qué está orgullosa la gente de las diferentes regiones en su país?
- ¿Cree Vd. que hay gente en su país que se identifica más con su región que con el país en general? ¿Puede dar ejemplos?

6 *Comprender*

Imagínese que hablando con un catalán le hace Vd. esta pregunta:

– *Si se enseñan en Cataluña todas las asignaturas en catalán – matemáticas en catalán, historia en catalán, etc. – ¿no es una locura para los que no son catalanes?*

Escuche en el cassette lo que él le explica.

- ¿Cree él que todas las materias se van a enseñar en catalán, en Cataluña?

- ¿Por qué menciona, como ejemplos, a los hijos de un ingeniero o de un militar?
- ¿Sería, según su opinión, una ventaja para estos chicos el aprender muchos idiomas en poco tiempo?
- ¿Para qué niños que no hayan nacido en Cataluña sería importante que aprendieran catalán?
- ¿Sería difícil convencer a sus padres?
- ¿Por qué (no)?

38 Hablar catalán

Fíjese en estas estructuras gramaticales:

1. El conde duque de Olivares **aconseja que** toda España **se gobierne** según las leyes de Castilla.
   Los padres **desean que** sus hijos **aprendan** catalán. Gr. 16.1
2. Los padres **deseaban que** sus hijos **aprendieran** catalán. Gr. 16.9
3. **Nadie duda** de que **puede haber** dificultades. Gr. 16.3
4. **Mientras** el profesorado no **reciba** la formación necesaria, **faltarán** profesores. Gr. 16.8

Fíjese también en estas expresiones e intente usarlas en sus conversaciones:

- un tanto por ciento mínimo
- un tanto por ciento elevado
- un 50 por ciento/el 50 por ciento.

1 Comprender

¿Es esto lo que quiere decir el texto?

a. En Cataluña se quiere establecer dos idiomas oficiales.
b. Por poco, el idioma catalán desapareció del todo.
c. Ya desde el siglo XVII, los reyes españoles trataron de quitar importancia al idioma catalán.
d. Hay barrios en Barcelona que sólo tienen un 10% de población catalana.
e. En Cataluña, muchas personas venidas de otras partes de España se sienten más catalanas que los propios catalanes.

2 Gramática

Ponga la forma correcta.

a. Nadie duda de que los catalanes (querer) ________________ hablar catalán como lengua oficial.
b. No todos saben que la monarquía española (intentar) ________________ durante siglos marginar la lengua catalana.
c. Yo dudo mucho que el intento de prohibir simplemente una lengua (poder) __________ tener el éxito deseado a la larga.
d. Nadie duda que (poder) ________________ haber dificultades en zonas donde la inmensa mayoría de la gente son castellanohablantes.
e. Pero suponemos que las dificultades (irse a superar) ________________
f. Y como los catalanes, según se sabe, son trabajadores y sistemáticos, no dudo que (ir a encontrar) ________________ ________________ las soluciones adecuadas.

3 Gramática

Imagínese que es Vd. Mercedes, la catalana. Desearía Vd. dejar las clases privadas, pero de momento tendrá que seguir dándolas . . .

– *¿Todavía necesitas dinero?*
– *Sí, y mientras necesite dinero, tendré que seguir dando clases.*

a. ¿Todavía estás estudiando?
b. ¿Todavía no tienes otra habitación más barata?
c. ¿No tienes todavía un trabajo fijo?
d. ¿No sabes qué hacer todavía?
e. ¿Sigues necesitando tantos libros?
f. ¿Vas pagando todavía el coche que te compraste?
g. ¿No has conseguido todavía un puesto en España?

¿Y qué puede Vd. decir personalmente (empleando la misma estructura gramatícal)?

Fachada de una casa construida por Gaudí, el famoso arquitecto catalán (1852–1926)

4 Opinar

¿Qué diría Vd.?

- ¿Qué ejemplos conoce Vd. de países con varios idiomas?
  ¿Dónde hay problemas?
  ¿Dónde funciona mejor y por qué cree Vd. que es así?

5 Gramática

La casa ha sido vendida (hoy).
La casa fue vendida (el año pasado).

Pregúntense mutuamente cuándo ocurrió todo esto e imagínense una contestación adecuada:
hoy – esta mañana – esta semana – este año – hace poco – hasta ahora – ayer – anoche – anteayer – la semana pasada – el año pasado – en el siglo pasado

a. La ciudad fue declarada monumento nacional.
b. La ciudad ha sido visitada por más de cien mil personas.
c. La casa ha sido vendida por tres millones de pesetas.
d. El libro ha sido traducido a varios idiomas.
e. El coche fue robado delante del hotel.
f. Uno de los problemas fue resuelto.
g. La discusión ha sido interrumpida, pero será continuada la semana que viene.
h. Esta zona fue industrializada.

6 Gramática

Le aconsejo que lo haga.
Le advierto que no lo haga (porque me parece inconveniente o incluso peligroso).

Aconséjense Vds. mutuamente imaginando razones concretas para aconsejar que sí o para advertir que no.

a. ¿Le digo la verdad a Pepe?
b. ¿Compro esta lámpara o no?
c. ¿Le doy la llave del piso a Juan?
d. ¿Dejo ir solos a los niños?
e. ¿Hago el viaje de noche?
f. ¿Vuelvo ahora mismo a Madrid?
g. ¿Empiezo a fumar de nuevo?
h. ¿Pruebo alguna vez la droga?

7 Comprender

Escuche Vd. una conversación con un chico que vive desde niño en Cataluña.

- ¿Qué edad tenía el chico cuando vino a vivir a Barcelona?
- ¿Cuántos habitantes tiene Cataluña, cuántos tiene Barcelona?
- ¿Se considera el chico catalán?

- ¿Qué industrias catalanas menciona?
- ¿Habla también de la agricultura o de los vinos catalanes?
- ¿Qué dice de la clase media catalana?

- ¿Cómo ve el turismo en Cataluña?
- ¿Cuándo fueron los años buenos, las vacas gordas, para el turismo en Cataluña?
- ¿Qué es lo que no se consiguió desarrollar a tiempo?
- ¿Cuáles son las consecuencias ahora, según él?
- ¿Qué dice el chico de los turistas en general (y de los alemanes)?

- ¿Qué dice del clima?
- ¿Cómo compara el clima de Barcelona con el de Madrid? ¿Cuál de las dos ciudades le parece más agradable, y por qué?

39 Dalí visto por Dalí

Fíjese en estas estructuras gramaticales:

1. El lugar en que nací **es Figueras.**	Gr. 11
Pensaba que **yo era mi hermano** y **que estaba muerto.**	
Es lo suficiente para poder **estar fresco como una rosa.**	Gr. 11.1
2. **nací – murió – dieron** – etc.	Gr. 6.1
dije – dijo – etc.	Gr. 6.2
3. Murió **antes de nacer yo.**	Gr. 13.3
4. **una silla lo más incómoda posible**	Gr. 18.7
5. Cuando se cae la llave al suelo, **uno se despierta.**	Gr. 24.2
6. **Si fuera menos inteligente, pintaría mejor.**	Gr. 16.9
Si creyera en la muerte me pondría a temblar.	
7. Para ser rey no hace falta ser inteligente, **aunque Juan Carlos lo sea.**	Gr. 16.8
8. La diferencia **entre tú y yo** es que yo no estoy loco.	Gr. 25.2

Fíjese también en estas expresiones:

- llamar la atención
- por otra parte
- por una parte . . ., por otra . . .
- La diferencia entre . . . y . . . es que . . .

1 Gramática

Cítense Vds. mutuamente frases de Dalí, asegurándose luego si han entendido bien:

– *Dalí dijo: Soy modesto.*
– *¿Qué dijo? ¿(Dijo) que era modesto?*

a. No se sabe la fecha en que nací.
b. Creo que tengo más de sesenta años.
c. Siempre hago las cosas a ojo.
d. Hago la siesta con llave.
e. La siesta con llave es lo suficiente para estar luego fresco como una rosa.
f. Soy un loco catalán, pero no estoy loco.
g. Me gusta llamar la atención.
h. No creo en la muerte.
i. Me apasiona el tema de la muerte.

Salvador Dalí: ▶
Carmen y Don José huyendo

2 Vocabulario

¿Cómo se expresan, en las palabras de Dalí, estas ideas?

- Mi padre se había dado cuenta.
- Se perdió la partida de nacimiento.
- hacer algo sin demasiada precisión
- He tenido cada vez más ambiciones.
- estar completamente descansado y despierto

¿Qué más expresiones del texto le interesarían para emplearlas Vd. mismo?

3 Gramática

ser – estar

a. El padre de Dalí creía que su hijo ________________ buen escritor.
b. A Dalí le dieron el nombre de su hermano muerto, y él pensó a veces que en realidad ________________ muerto.
c. De niño, Dalí quería ________________ cocinero.
d. Según dijo Dalí, una cosa muy importante para él ________________ la siesta.
e. Dice Dalí que después de la siesta ________________ completamente descansado.
f. Dalí dice de sí mismo que ________________ un loco.
g. En otra frase dice que no ________________ loco.

4 Opinar

¿Qué diría Vd.?

- ¿Qué nombre le dieron a Dalí sus padres? ¿Qué le parece la idea?
- ¿Qué quería ser Vd. de pequeño? ¿Qué cree Vd. que le gustaba tanto en esa profesión o en ese oficio? ¿Y qué le gustaría ser ahora?
- ¿Le parecen originales o geniales algunas frases de Dalí?
- ¿Cree Vd. que en las frases que dice Dalí se refleja su carácter? Entonces, ¿qué carácter cree Vd. que reflejan?

5 Expresarse

¿Puede Vd. escribir algunas frases que reflejen un poco lo que piensa Vd., cómo ve Vd. la vida y cómo se ve Vd. a sí mismo/a sí misma? (Escriba como quiera, en serio, en broma, con ironía, exagerando o escondiendo la verdad . . .).

6 Gramática

– *Con este ruido me despierto.*
– *Claro que se despierta uno con este ruido.*

a. En las vacaciones no me levanto temprano.
b. A veces me equivoco. (Diga en qué se suele equivocar Vd.).
c. No me puedo acordar siempre de todo. (Diga qué se le olvida de vez en cuando.)
d. Por el periódico me entero de muchas cosas.
e. Con este trabajo me canso mucho. (Diga de qué tipo de trabajo se trata.)
f. Ya no me atrevo a decir nada. (Diga Vd. por qué.)
g. Me he acostumbrado fácilmente a la vida española.
h. Me he divertido mucho con Luis.
i. Cuando no tengo nada que leer me aburro.

unidad 10

42 La economía de Colombia

Fíjese en estas estructuras gramaticales:

1. el **segundo** productor mundial — Gr. 19.3
2. La importancia de la minería **es cada día mayor.** — Gr. 18.

Fíjese también en estas expresiones:

- dos cosechas al año
- disponer de reservas/tener reservas
- explotar a gran escala
  producir a gran escala
- Resulta difícil hacerlo.
- adquirir (gran) importancia
- aproximadamente la mitad

1 *Comprender*

Preguntas sobre el texto

- ¿Cuál es el cultivo más importante de Colombia?
- ¿Es importante este cultivo también a escala internacional?
- ¿Cuántas veces al año se recoge este producto?
- ¿Es importante la minería del país?
- ¿Cuál es el producto minero más importante?
- ¿De quién es propiedad el petróleo?
- ¿Es la explotación del petróleo nacional?

2 Gramática

Hay cosas que son cada día mejores o peores, más difíciles o más interesantes, etc.
¿Qué pasa, por ejemplo, con . . .?

- el tiempo que hace
- su mejor amigo/amiga
- su profesor
- sus hijos/sus padres
- el restaurante de enfrente
- la situación económica del país
- los pisos en su ciudad
- los precios de esto y aquello
- Vd. mismo

. . .

3 *Opinar*

Cuando el texto habla de las producciones principales de Colombia,

- ¿qué le llama la atención?
- ¿Qué problemas puede Vd. imaginarse en cuanto a la producción del café?
- ¿Cuáles son los problemas de la producción minera y del petróleo?

43 Elecciones en Colombia en 1982

Fíjese Vd. en estas estructuras gramaticales:

1. El 30 de mayo hubo elecciones, **en las que** triunfó el candidato conservador. Gr. 23.1
2. La guerra civil **le costó al país** 300.000 muertos.
   Sólo falta que **a Belisario le dé** por cumplir todo lo que prometió. Gr. 20.2
3. **Temen que se repita** la historia.
   El miedo a que se repita la historia ...
   La esperanza de que no se repita la historia. Gr. 16.2
4. Belisario no es lo bastante duro, **sino que se deja influir** por la doctrina social de la Iglesia. Gr. 27.1

Fíjese también en estas expresiones:

- Es lo que sucedió hace poco.
- Esto produce cierto miedo.
- Esto (no) se va a repetir.
- Esto lo comprende hasta un niño.
- Esta fue la causa de (que) ...
- A la hora de la verdad ...
- lo bastante duro/lo suficientemente duro
- No te dejes influir por él.
- Ahora sólo falta que venga mi padre ...
- Pedro cumple lo que promete.

1 Comprender

¿Es esto lo que quiere decir el texto?

- El partido liberal suele ganar las elecciones en Colombia.
- Sólo una vez ganaron los conservadores.
- Todo el país se alegró del triunfo de B.
- Hace unos treinta años, una situación parecida llevó a una guerra civil.
- Muchos liberales no votaron por el candidato de su partido.
- Betancur nació en una familia pobre.

2 Gramática

que – el que – el cual – etc. – cuyo

a. En Colombia hay dos partidos, uno de ________________ suele tener la mayoría: el liberal. Pero cuando no está unido, gana el partido conservador. Esto es
b. ________________ sucedió en las eleccio-
c. nes de 1982, en ________________ salió elegido el conservador Belisario
d. Betancur. Es un triunfo ________________ a algunos les da miedo, porque en los

e. años 50, en ________________ llegó al poder el partido conservador en circunstancias parecidas, se produjo
f. una guerra civil ________________ le costó al país muchísimos muertos.
g. Belisario, ________________ elección les pareció necesaria incluso a muchos liberales para que no llegara a ser presidente el liberal López Michelsen, tampoco convence del todo a su propio partido. Muchos conservadores,
h. para ________________ Betancur no es lo suficientemente duro, temen en
i. él la influencia de la Iglesia, ________________ doctrina social parece atraerlo.

3 Gramática

Lo que esperaban y lo que temían . . .

a. ¿Qué es lo que no consiguió el partido liberal antes de las elecciones?
b. ¿Qué esperan los pobres del país?
c. ¿Qué es lo que esperaba el partido conservador antes de las elecciones?
d. ¿Qué miedo produjo en Colombia el triunfo del partido minoritario?
e. ¿Qué querían impedir los liberales que no votaron a su propio candidato?
f. Hablando de la posición política de Betancur, ¿qué temen los propios conservadores?
g. ¿Qué temían algunos conservadores en el momento en que salió elegido Betancur?

4 *Opinar*

- ¿Pueden existir o han existido en nuestro país situaciones en que muchas personas no votan a «su partido» por consideraciones tácticas?
  ¿Puede Vd. explicar una situación así?
- ¿Le parece que los políticos cumplen después de salir elegidos todo lo que prometieron antes? Cite Vd. casos concretos en que (no) fue así.

La región de las minas de sal en Zipaquira/Colombia

44 En Macondo

Fíjese en estas expresiones:

- No sé por dónde empezar.
- Me cuesta (trabajo) hacerlo/creerlo.
  Me cuesta acostumbrarme a esta vida.
- ¡Qué desgracia!
- Esto no lo soporto/aguanto.
- Lo voy a observar de cerca.
- He llegado a la conclusión de que . . .
- Son dos cosas que no puedes comparar.

1 Comprender

¿Es esto lo que quiere decir el texto?

a. Había mucho que admirar en Macondo.
b. Primero creían que las películas presentaban escenas reales.
c. Cuando se dieron cuenta de lo que es una película se fueron a casa tristes y tranquilos.
d. Los gramófonos hicieron la competencia a los músicos.
e. Incluso señoras de buena familia sentían curiosidad por conocer los gramófonos, aunque estaban en la «calle prohibida».
f. El teléfono no les hacía mucha impresión.
g. Con tantos inventos que llegaron a Macondo sabían cada vez más lo que era la realidad.

2 *Comprender*

Preguntas sobre el texto

- ¿Cuáles son los inventos de que habla el texto?
- ¿Tuvieron los habitantes de Macondo ya el problema del medio ambiente?
- ¿Qué les molestó en las películas de Crespi?
- Cuando el público tuvo la impresión de que le tomaban el pelo, ¿cómo reaccionó?
- ¿Hubo en Macondo el problema de que unos aparatos modernos quitaron trabajo a las personas?
- ¿Dónde estaban los gramófonos?
- ¿Podía pasar por allí sin más todo el mundo?
- ¿Qué les impresionó o chocó más a los habitantes de Macondo?

3 *Opinar*

¿Qué diría Vd.?

- ¿Cuáles son las cosas más importantes que desde los tiempos de Macondo se han inventado?
- ¿Le resulta a Vd. fácil o difícil identificarse con los habitantes de Macondo en los días en que llegaron, en poco tiempo, todos los nuevos inventos técnicos de la época?
- ¿Cómo reaccionamos nosotros hoy día a los nuevos inventos de la técnica?
  ¿Cuáles son los que aceptamos como lo más natural del mundo?
  ¿Cuáles son los que producen miedo?
  ¿Por qué?

Otro paisaje colombiano: El Río Cauca, cerca de Arauca

4 Vocabulario

Tienen Vds. 3 minutos para apuntar cosas que se ven en un viaje en tren. Luego se compararán las listas de cada uno para ver quién tiene más, y se discutirá si se aceptan todas las palabras apuntadas.

5 *Comprender*

Escuche una conversación con un panameño.

- ¿Qué dice de la población de Panamá?
- ¿Qué dice de los indios?
- ¿Dice algo del carácter de los panameños?
- ¿Sabe Vd. lo que es la chicha?
- ¿Qué dice de los jóvenes?
- ¿Y del servicio militar?
- ¿Le parece que salen en la conversación los aspectos más interesantes del país?
  ¿Qué preguntas le gustaría a Vd. hacerle al panameño para seguir la conversación?

6 Vocabulario

¿Conoce Vd. todas estas palabras?

nevera – lámpara – cocina – platos – vasos – terneras – cucharas – fuentes

Hay una palabra que en realidad no pertenece a este grupo. ¿Cuál es? ¿Se le ocurre una frase corriente con cada una de estas palabras?

unidad 11

46 Galicia y los gallegos

Fíjese en estas estructuras gramaticales:

1. **tener visita** – (tener coche – tener hambre)	Gr. 17.
2. **La primera ciudad gallega** que hay es Buenos Aires.	Gr. 19.3
3. diez **u** once	Gr. 26.2
4. ¿Hay un partido político **que te ofrezca garantías**?	Gr. 16.7

Fíjese también en estas expresiones.

Imagínese algunas situaciones en que las pueda emplear.

- Bueno . . ., es decir que . . .
- Está mal visto.
  Está como mal visto.
- Da la sensación de que . . .
  Tengo la sensación de que . . .
- Es una falta de cultura (de respeto, de amor, de comprensión, etc.).
- Entonces, eso quiere decir que . . .
- al contrario
  más bien al contrario
- Efectivamente, . . .
- No tienes más que (escribirle).
- gran parte de
- Es algo que no se tiene en cuenta.
  Es algo que hay que tener en cuenta.

1 *Comprender*

Preguntas sobre el texto

- ¿Qué es y dónde nació José Manuel?
- ¿Hasta cuándo vivió en Galicia?
- ¿Cuándo hablaba gallego y cuándo hablaba castellano? ¿Por qué?
- ¿Qué diferencia ve entre el pueblo gallego y los vascos y catalanes?
- ¿Cuáles son los tres tipos de emigración gallega de que habla?
- ¿Qué tiene que ver Buenos Aires con Galicia?
- ¿Por qué siempre ha tenido que irse tanta gente de Galicia?
- ¿Es miembro José Manuel de algún partido político?
- ¿Cuál es su tendencia política?
- ¿Qué dice de la literatura escrita en gallego?

2 Gramática

Escoja Vd. la forma correcta.

a. Tengo un amigo que (está/esté) especializado en cirugía ortopédica.
b. Me gustaría conocer a alguien que (habla/hable) gallego.
c. ¿Hay colegios en que (enseñan/enseñen) gallego?
d. ¿Tú sabes la cantidad de gallegos que (están/estén) en América?
e. Me dicen que hay un tipo de gallego corriente que (es/sea) bastante tímido.
f. O sea que es raro conocer a un gallego que no lo (es/sea).
g. Hablando de partidos políticos, mi amigo me dijo que no había de momento ninguno que le (ofrecía/ofreciera) garantías.
h. Dijo que de momento no le (convencía/convenciera) ninguno.
i. Según él, el partido que (tiene/tenga) más simpatías en Galicia es el PSOE.

3 Vocabulario

¿Cómo se expresan en el texto las siguientes ideas?

a. cuando era(s) niño
b. no se estimaba/apreciaba
c. era como de gente sin cultura
d. te podías imaginar de qué clase social era alguien
e. ser una persona que no se atreve a hablar y que no protesta
f. dar la sensación de ser perfecto.

4 Gramática

ser – estar

a. José Manuel ________________ médico.
b. ________________ especializado en cirugía.
c. ________________ de Villagarcía de Arosa, en Galicia.
d. El gallego ________________ el idioma que hablaban en casa.
e. En la clase social a la que pertenecía ________________ como mal visto hablar gallego.
f. Hablar gallego ________________ como un poco paleto.
g. ________________ pocas las personas que votaron en Galicia para decidir sobre la autonomía.
h. Muchos gallegos ________________ por tierras de América.
i. Se dice que la primera ciudad gallega ________________ Buenos Aires.
j. Según José Manuel, el gallego como persona ________________ más bien tímido.
k. José Manuel ________________ convencido de que el PSOE tiene mucha simpatía en Galicia.

5 *Expresarse*

Cuente Vd.

- ¿Dónde nació Vd.?
- ¿Hasta cuándo vivió allí?
- ¿Por qué se trasladó después a otro sitio?
- ¿Cómo clasificaba Vd. de chico/chica a los otros chicos de su edad? (según cómo hablaban, cómo se vestían, qué tipo de bicicleta tenían, lo que eran sus padres, etc.)
- Cuando hoy día juzga Vd. a una persona, ¿en qué se fija?
  ¿A qué le da importancia?
  ¿A la forma en que se viste?
  ¿Al aspecto que tiene?
  ¿A la conversación que puede tener con ella?
  ¿A lo que hace por otras personas?

6 *Opinar*

¿Qué diría Vd. . . .?

- José Manuel dice que el gallego es más tímido que por ejemplo el catalán.
  Discutan Vds. lo que la gente dice sobre «el español/la española», etc.
  Empiecen Vds. por su propia nación para darse cuenta de los prejuicios que puede haber.
- ¿Hay ideas fijas sobre la gente que nació en determinadas regiones de su país?
  ¿Cuáles son?
- Cuando un político tiene un fuerte acento regional, ¿le molesta, le da igual o le encanta?
- Cuando un chico/una chica habla con fuerte dialecto, ¿cómo reacciona Vd.?

47 Galicia

Fíjese en estas estructuras gramaticales:

1. Galicia recuerda Irlanda **por** su suelo granítico. Gr. 25.1
2. la **cuarta** parte de Gr. 19.3
3. La agricultura tiene mucha importancia, **mientras que** la industria está poco desarrollada. Gr. 26.3

1 Comprender

Preguntas sobre el texto

- ¿Qué es «la España húmeda»?
- ¿Se parece Galicia a Andalucía?
- Diga algunas características del paisaje gallego.
- ¿Habla el texto de la música en Galicia?
- ¿De qué pueblo es el instrumento típico gallego, y qué más ha dejado este pueblo?
- ¿Hay en Galicia propiedades de tierra enormes, como por ejemplo en Andalucía?
- ¿Es Galicia más bien una región agrícola o industrial?
- ¿Es demasiado húmeda Galicia para cultivar la vid?
- ¿Qué tipo de industria hay en Galicia?

2 Gramática

mientras – mientras que

a. Galicia pertenece a la España húmeda, ________________ Castilla es una región muy seca.
b. Galicia tiene mucha agricultura, ____________ su industria está menos desarrollada.
c. ________________ no se desarrolle una fuerte industria, Galicia seguirá siendo un país de emigración.
d. Las fincas gallegas son muy reducidas (los minifundios), ________________ en Andalucía existen enormes latifundios.
e. ________________ yo estaba en Galicia, la región consiguió la autonomía.
f. Las industrias más importantes de Galicia son la naval, la de conservas de pescado y la de madera, ________________ apenas existen otras industrias de cierta importancia.

3 Discutir

La persona A cree que están acabando con la belleza de la costa construyendo tantos bloques de apartamentos para turistas. B argumenta que eso da de comer a mucha gente y evita que el paro sea aún mayor. C también da su opinión.
Intente Vd. identificarse con A, B o C.

4 Opinar

- Mire en un mapa las provincias gallegas y sus capitales. La ciudad gallega más conocida internacionalmente, ¿es también capital de provincia?
- José Manuel menciona el PSOE (Partido Socialista Obrero Español). ¿Sabe Vd. cómo se llaman otros partidos en España?
  ¿Qué líderes políticos españoles conoce Vd.?

5 Comprender

Imagínese que Vd. le hace a una amiga española esta pregunta:

– *Tú has estado en Galicia ya dos veranos seguidos, ¿me recomendarías ir allí para pasar unas vacaciones de verano?*

Escuche en la cinta lo que le contesta.

- ¿Qué dice de la España del sol?
- ¿Qué dice del tiempo que hace en Galicia?
- ¿Qué ventajas ofrece Galicia?
- ¿Qué prefiere ella personalmente?
- ¿Comprende ella a los del norte de Europa?
- ¿Es interesante el viaje por el norte de España? ¿Por qué?
- ¿Hay mucho que ver en Santiago de Compostela?

6 Vocabulario

¿Conoce Vd. todas estas palabras?

sol – veinte – nieve – llover – calor – lluvia – niebla – tormenta – refrescar

Hay una palabra que no pega en esta serie. ¿Cuál es? ¿Por qué? ¿A qué tema pertenecen las demás?
¿Se le ocurre con cada una de estas palabras una frase sencilla y corriente?
¿Qué palabras podrían añadirse a esta serie?

48 Los idiomas de España

Fíjese en estas estructuras gramaticales:

1. La gramática de los dialectos es **la misma que** la castellana. Gr. 18.8
2. Los judíos españoles expulsados en 1492 **siguen hablando** español. Gr. 12.1

Fíjese también en estas expresiones:

- El número es de 500.000.
- Hay lo que podríamos llamar . . .
- Esto es típico de toda la región.
  Es típico de aquí.

1 Comprender

¿Es esto lo que quiere decir el texto?

a. En España se hablan varios idiomas.
b. Hay medio millón de personas que hablan gallego.
c. Los dialectos de España tienen una gramática propia.
d. El castellano de América Latina tiene palabras que no son de origen español.
e. Desde finales del siglo XV hay también grupos que hablan el español en países del este de Europa.

2 *Expresarse*

- ¿Cuáles son los principales idiomas que se hablan en España, y dónde se hablan?
- ¿Existen en su país varias lenguas? ¿Qué importancia tienen?
- Si no hay diferentes lenguas, ¿qué relación tiene la gente con los dialectos?
- ¿Habla Vd. personalmente un dialecto?
- ¿Cree Vd. que la existencia de más de un idioma en España causa problemas?
- ¿Sabe Vd. cuál es la lengua, después del inglés, que más se habla en Estados Unidos? ¿A qué se debe?

49 Un niño que sería capaz . . .

Fíjese en estas estructuras gramaticales:

1. Se sacaba el pan de la boca para **mandárselo a los hijos** de su sobrino.
   pescados que compran las señoras gordas para **echárselos al gato**
   Todo eso lo hacía para ahorrar. – **Les mandaba a los sobrinos** un cajón. Gr. 20.2
2. **Se quedaba pensando en si estarían contentos.** Gr. 16.9
3. No salen **hasta que** el cajón **no se haya vaciado** en sus estómagos. Gr. 16.8
   No salían **hasta que** el cajón **no se hubiese vaciado** en sus estómagos. Gr. 16.9
4. Era **señal de que** había llegado el cajón. Gr. 9.1

1 *Comprender*

Preguntas sobre el texto

- ¿Pensaba la tía Agueda sólo en sí misma?
- ¿Le gustaban mucho los pescados pequeños?
- ¿Tenía un gato?
- ¿Cuántas veces les mandaba un cajón con cosas para comer?
- ¿Cómo había sido Farruco de joven?
- ¿Por qué tenía tantas preocupaciones ahora?
- ¿Cuántos hijos tenía?
- ¿Cómo reaccionaban los hijos cuando llegaba la caja de la tía Agueda?
- Cuente Vd. la anécdota del final con sus propias palabras.

2 Gramática

Escoja la forma adecuada:

a. La tía Agueda ahorraba cada vez de nuevo hasta que (podía/pudiera) mandarles un paquete.
b. Los chicos cada mes estaban esperando hasta que les (llegó/llegara) el cajón de la tía.
c. Cuando llegaba el cajón, los chicos no paraban de comer hasta que (se acababa/ se acabara) todo lo que contenía.
d. Farruco había sido el joven más atractivo del pueblo hasta que (se casó/se casara).
e. Era muy feliz hasta que (comenzaron/ comenzaran) a lloverle chiquillos del cielo.
f. Tenía que trabajar muchísimo cada día para que (comían/comieran) tantas bocas como había en la familia.
g. Yo conocía unos cuentos de Castelao, pero no sabía que los había escrito en gallego, hasta que un día (vi/viera) una edición del original gallego.

3 *Expresarse*

Imagínese Vd.

- una conversación entre la tía Agueda y una vecina suya, comentando el hecho de que les mandaba cajas llenas de cosas para comer a los hijos de su sobrino.
- una conversación entre los chicos pensando en que va a llegar el paquete o después de habérselo comido.

4 *Opinar*

¿Qué diría Vd.?

- ¿Qué mundo refleja el cuento de Castelao?
- ¿En qué se diferencia este mundo del mundo en que vivimos nosotros hoy día?
- ¿Hay gente que pasa hambre en su país?
- ¿Qué hace el Estado por las familias numerosas?
- ¿Hay muchas familias numerosas?

50 Pascual Duarte

Fíjese en estas estructuras gramaticales:

1. **aquel** año - pensé en **aquello - aquel** día	Gr. 22.
2. Aquel día hubo **más niños que nunca** jugando.	Gr. 27.3
3. **Si lo hubiera sabido me hubiera estremecido.**	Gr. 16.9
4. Parecía **como si supiera** lo que iba a ocurrir.	Gr. 16.6
5. **lo más pronto posible**	Gr. 18.7
6. La **dejé que siguiera** durmiendo.	Gr. 16.1
7. dormir: (duerme - dormía - se durmió) **durmiendo**	Gr. 2.1

1 Comprender

¿Es esto lo que quiere decir el texto?

a. Hacía mal tiempo en febrero.
b. Pascual Duarte no quería renunciar a su proyecto.
c. Su mujer no quiso hablarle ese día.
d. Pascual Duarte tuvo la impresión de que su mujer notaba algo raro.
e. Esperó a que durmieran las dos mujeres.
f. Después del crimen, se sintió por fin tranquilo.

◄ *Santiago de Compostela: uno de los centros histórico-culturales más importantes de España*

2 *Comprender*

Preguntas sobre el texto

Pascual Duarte cuenta, años después, lo que ocurrió el día que mató a su madre.

- ¿De qué detalles se acuerda?
- ¿Qué clima tenía la región donde vivía, según lo que cuenta?
- ¿Luchó él interiormente antes de decidirse a matar a su madre?
- ¿Cómo creía él que seguiría su vida si no la mataba?
- ¿Cómo fue la conversación que mantuvo con su mujer?
- ¿Qué detalles recuerda él de las horas anteriores al crimen?
- ¿Qué momento y qué condiciones le parecían más adecuadas para atacar a su madre?
- ¿Qué hizo después de matarla?

3 Gramática

El cielo estuvo muy claro aquel día.
El cielo estuvo más claro que nunca ...

a. Aquel día hubo muchos niños jugando en la plaza.
b. Aquel día estuve muy convencido de que lo tenía que hacer ...
c. Aquel día mi mujer me parecía muy nerviosa.
d. En su mirada veía yo muchas dudas.
e. La noche era muy oscura ...

4 Gramática

Ponga Vd. la forma correcta.

Yo recuerdo muy bien aquel día porque conocía bastante bien a Pascual Duarte y a su mujer ...

a. Era como si (haber) ________________ más niños que nunca jugando en la plaza.
b. Yo sabía mejor que nadie lo que sentía él, era como si lo (sentir) ________________ yo mismo.
c. Me parecía como si él (estar) ________________ más convencido que nunca de que lo tenía que hacer.
d. Aquel día parecía como si su mujer (estar) ________________ más nerviosa que nunca.
e. Su mujer lo conocía mejor que nadie, a veces era como si (saber) ________________ ella exactamente lo que pensaba él.
f. Ella le encontró raro, como si (ir) ________________ a hacer algo terrible.
g. La noche fue más oscura que nunca, como si (haberse apagado) ________________ ________________ la luna y todas las estrellas.

5 *Discutir*

«En cada uno de nosotros hay un posible asesino.»
La persona A acepta esta frase y la interpreta dando ejemplos.
B la rechaza, tiene confianza en la moral, la educación, etc.
C toma parte en la discusión.
Intente Vd. identificarse en la discusión con A, B o C.

6 *Discutir*

Imagínese esta conversación e intente identificarse con A, B o C:
La persona A piensa que para una serie de crímenes determinados debe haber la pena de muerte y defiende su opinión con gran ímpetu.
B argumenta en contra.
C toma parte en la discusión y ofrece a lo mejor nuevos argumentos, quizás utópicos.
¿Se pueden poner de acuerdo?

unidad 12

51 Diez años con Mafalda

Fíjese en estas estructuras gramaticales:

1. Tiene **el** cabello largo, **la** sonrisa bondadosa.	Gr. 17.
2. Dejé de hacer Mafalda **hace unos meses.** **Desde hace unos meses** ya no la hago.	Gr. 25.
3. **Estoy muy cómodo,** me siento más libre.	Gr. 11.1
4. **Quien menos gana/el que menos gana es el que crea.**	Gr. 18.3
5. Hemos hablado **lo suficiente para poder preguntarle** por su opinión política.	Gr. 17.3
6. Lo siento **por mi mujer.**	Gr. 25.1
7. A la edad que **uno tiene,** no **se puede** dejar a los amigos así como así.	Gr. 24.2
8. **Le** tengo mucho miedo **al avión.**	Gr. 20.2

Fíjese también en estas expresiones:

- Se debe al hecho de que ...
- Dejé de hacerlo hace unos meses.
- Lo que pasa es que ...
- tal y cual revista/tal y tal revista
- lo suficiente para tener una impresión
- Se echa a reír.
- El problema no está en ...
- Sí, claro, puede ser ... Pero a la larga no estoy muy seguro.
- Lo siento por Vd., pero ...
- Ni hablar.
  De ninguna manera.
  Seguro que no.
- A la edad que tengo, ...
  A la edad que uno tiene, ...
- No es tan fácil hacerse nuevos amigos.
- Le tengo mucho miedo al avión.
- Me da lo mismo, me da igual.
  Me da lo mismo morirme.

1 Comprender

Preguntas sobre el texto

- ¿A quién ha «matado» Quino?
- ¿Le gustó hasta el final hacer Mafalda?
- ¿Por qué dejó de hacerla?
- ¿Se ha hecho rico con Mafalda?
- ¿Qué idea tiene él de la libertad?
- ¿Le pasa muchas veces que no le publican una cosa, por ejemplo por razones políticas?
- Según él, ¿quién tiene la culpa de que no funcione bien la vida colectiva?
- ¿Su mujer está de acuerdo con él?
- Tiene varios motivos para no establecerse fuera de Argentina. ¿Cuáles son?

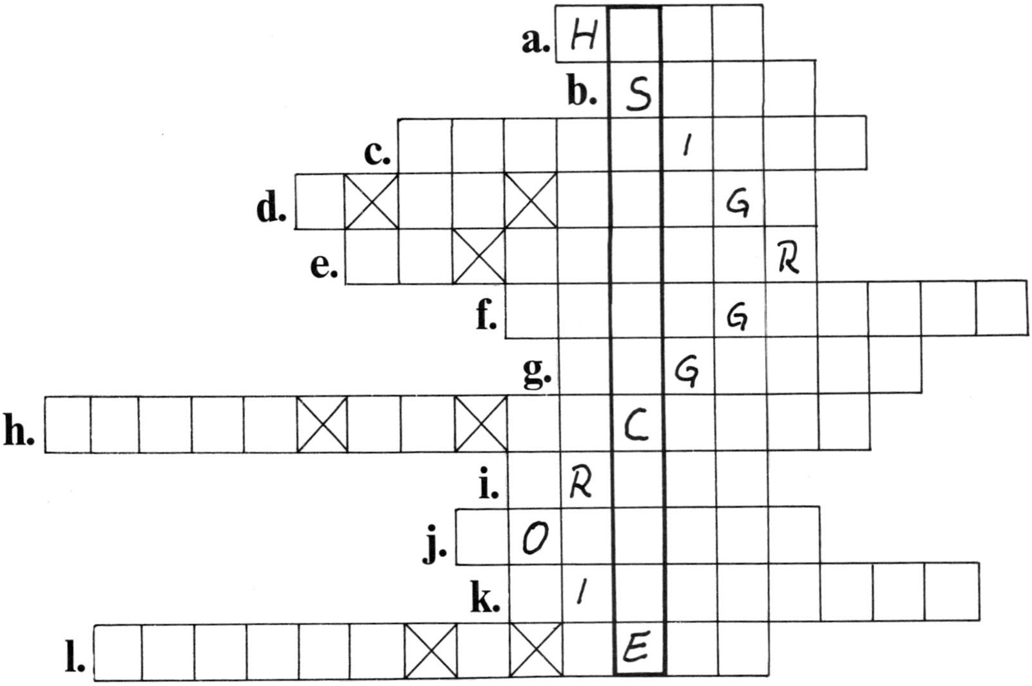

2 Vocabulario

Todas las palabras buscadas aparecen en el texto.

a. una realidad
b. bueno para la salud
c. decir varias veces lo mismo
d. no sólo de momento
e. ¡de ninguna manera!
f. algo que hay que hacer
g. sistema político
h. ya no hacerlo
i. hacer algo nuevo
j. expresión amable de la cara
k. conversación de gente que no está de acuerdo
l. empezar a reír

3 Gramática

hace – desde hace

a. ________________ mucho tiempo que vi por primera vez una historia de Mafalda.
b. ________________ poco también conozco al «padre» de Mafalda, Quino.
c. Quino parece muy tranquilo ahora que ya no tiene que dibujar constantemente las escenas de Mafalda que la gente está esperando. ________________ algún tiempo dejó de hacerla.
d. ________________ algún tiempo se iba dando cuenta de que empezaba a repetirse, y decidió dejar de hacerla.
e. ________________ algunos años pensó establecerse en España, como otros intelectuales latinoamericanos.
f. Pero ahora ya, ________________ cierto tiempo, está convencido de que sólo puede vivir (y quiere morirse) en la Argentina.

4 Gramática

ser – estar

a. Quino ________________ un intelectual.
b. Parece que ________________ feliz.
c. Desde que dejó de dibujar Mafalda, semana tras semana, ________________ más tranquilo.
d. Lo de Mafalda ha ________________ un éxito enorme.
e. Pero Quino no ________________ rico.
f. Lo más importante para Quino no ________________ el dinero, sino la libertad.
g. La política ________________ un frecuente tema de discusión entre él y su mujer.
h. Ella ________________ llena de optimismo.
i. El ________________ más bien pesimista en cuanto al hombre.
j. Dice que no ________________ muy seguro de si se debe creer en el ser humano.

5 Gramática

para – por

a. Aunque le tiene miedo al avión, Quino viaja bastante ________________ el mundo.
b. A mí me cae muy simpático ________________ su mirada humana y su sonrisa.
c. Ahora se siente más cómodo ________________ haber dejado de dibujar Mafalda.
d. Mafalda se había convertido ________________ él en una obligación un poco molesta.
e. Dice que no se ha hecho rico ________________ Mafalda.
f. Pero ________________ los editores ha sido un buen negocio.
g. Le pregunto ________________ sus ideas políticas.
h. La libertad le parece muy importante, pero cuando sabe que no le van a publicar una cosa, no lucha ________________ ella.
i. Le gustaría establecerse en España ________________ su mujer.
j. Pero tiene otras razones ________________ no hacerlo.

6 *Opinar*

¿Qué diría Vd.?

- Hay personas de 60 años o más que ya no trabajan y pasan varios meses o incluso todo el año en España. ¿Qué le parece esta idea? ¿Lo quisiera hacer Vd. también? ¿Por qué (no)?

- Cuando Vd. ha estado más de 3 semanas en el extranjero y vuelve a su país, ¿qué siente, qué comenta con su familia o con sus amigos al acercarse a la frontera o al volver a su casa?

7 *Discutir*

La persona A quiere hacer el viaje a Madrid en tren, viajando de día y haciendo una noche en Francia.
C quiere ir en avión.
B, en cambio, quiere viajar de noche, en litera o coche-cama. Tiene miedo de hacer un vuelo en avión.

Intente Vd. identificarse en la discusión con A, B o C.

8 Vocabulario

Seguro que Vd. conoce todas estas palabras:

coche – a pie – Metro – volar – bicicleta – taxi – ir andando – carretera – moto

Hay una palabra que no pega en esta serie. ¿Cuál es? ¿Por qué? ¿Qué definen las demás palabras?
¿Se le ocurre con cada una de estas palabras una frase corriente?

52 La condición del exilio

Fíjese en estas estructuras gramaticales:

1. **Prefiero que diga:** – Soy un argentino exiliado.	Gr. 16.1
Hubiera preferido que dijera: soy argentino.	Gr. 16.9
2. **Desde hace más de 30 años** es un exiliado.	Gr. 25
3. Ha descubierto la solidaridad. – descubrir: **descubierto**	Gr. 3.1
4. **En cualquier lugar** de allí estoy como en casa.	Gr. 24.1
5. La diferencia empieza **cuando llego** a Estocolmo.	Gr. 16.8
6. Algún día **habrá** una literatura del exilio. hay: **habrá – habría**	Gr. 5.1
7. Vendieron 200 ejemplares, **de los cuales/de los que** el autor mismo regalaba 150.	Gr. 23.1

Fíjese también en estas expresiones:

- Se me acercó un señor.
- Los años 50.
- ¿Es todavía ...? – No, ya no es ...
- primero – luego – después – al final
- ¿Qué entiendes por ...?
- Esto te puede pasar en cualquier lugar del mundo.
- Es algo que no puedo explicar bien.
- Quitando la primera semana, siempre ha hecho buen tiempo. (Siempre ha hecho buen tiempo, menos la primera semana).
- A partir de mañana. A partir de 1980.
- Cuando yo era joven, ...
- Hoy, en cambio, ...

1 *Comprender*

Preguntas sobre el texto

- ¿Cómo ve Cortázar la diferencia entre un «argentino exiliado» y un «exiliado argentino»?
- ¿Qué significaba la palabra «exilio» en los años 50 y qué es hoy, según Cortázar?
- ¿Cuál es la tercera definición que da de sí mismo Cortázar? ¿A qué se debe?
- ¿Es la Argentina el único país en que se siente de verdad «en casa»?
- ¿Ya existe, según Cortázar, una literatura del exilio latinoamericano?
- ¿Qué razones tiene, según Cortázar, el exilio?
- ¿En qué han cambiado los lectores de literatura en América Latina?

2 Expresarse

Intente Vd. decir lo mismo con otras palabras:

- Se me acercó una persona en la calle.
- Hubiera preferido que dijera otra cosa.
- ¿Qué entiendes por latinoamericano?
- Lo hago voluntariamente.
- Quitando unos pocos, todos son muy simpáticos.
- Lo interesante es la multiplicación de los lectores a partir del llamado «boom».
- Es algo revolucionario.

3 Gramática

Complete Vd. las siguientes preguntas con *cómo – cuáles – cuánto – desde – desde hace – dónde – por – que – qué*
(algunas son idénticas de contenido, pero diferentes de estructura).

a. ¿________ tiempo hace que Cortázar es un exiliado?
b. ¿________ cuánto tiempo no vive en su país?
c. ¿________ cuándo vive en París?
d. ¿Hace mucho tiempo ________ ha descubierto la solidaridad?
e. ¿________ es él en primer lugar, antes de ser exiliado?
f. ¿________ definiría él el sentirse latinoamericano?
g. ¿________ es para él el sentirse latinoamericano?

h. ¿Qué entiende él ______________ ser latinoamericano?
i. ¿______________ empieza para él la verdadera diferencia?
j. ¿______________ siente él en cualquier lugar de América Latina?
k. ¿______________ se siente él en cualquier lugar de América Latina?
l. ¿______________ son las diferencias entre los países de América Latina que cita él?
m. ¿Y ______________ son para él las características comunes de toda Latinoamérica? ¿O no las puede explicar racionalmente?

4 *Opinar*

¿Qué diría Vd.?

- ¿Para qué personas (y profesiones u oficios) resulta más fácil o más difícil el exilio?
- ¿En qué casos concretos de exilio se le ocurre pensar en nuestro siglo?
- Si tuviera que marcharse de su país como exiliado, ¿en qué país intentaría establecerse? ¿Qué intentaría hacer? ¿Qué sería lo más grave, lo más triste para Vd.?

5 Gramática

Escoja la forma correcta:

a. Me alegro mucho de que (hemos llegado/hayamos llegado) bien. ¡Ha sido un viaje tan largo!
b. Ahora lo importante es que (nos dan/nos den) una habitación tranquila.
c. No me importa que (tiene/tenga) cuarto de baño o no, para una noche es igual. Lo importante es poder dormir.
d. Estoy convencido de que mañana (encontraremos/encontremos) otro hotel, si éste no nos gusta.
e. ¿Prefieres que (cenamos/cenemos) aquí mismo en el hotel o quieres buscar un restaurante un poco más alegre?
f. ¿Sabías tú que aquí (estábamos/estuviéramos) ya tan cerca del mar?
g. Yo no me imaginaba que (había/hubiera) tan poca distancia de aquí a la costa . . .

6 *Comprender*

Escuche en la cinta una conversación con un paraguayo que vive en Europa.

- ¿De dónde es él?
- ¿Qué dice de Puerto Stroessner?
- Lleva mucho tiempo en Europa?
- ¿Salen muchos paraguayos fuera de su país?

- ¿Qué régimen político tiene Paraguay?
- ¿Cómo se mantiene el régimen en el poder?
- ¿Va a volver a su país el paraguayo?
- ¿Dónde está su familia?
- ¿Qué idioma hablan en casa?

- ¿Qué idiomas hay en Paraguay?
- ¿Quién los habla?

- ¿Qué dice de los alemanes en Paraguay?

- ¿Quién compra los terrenos que vende el Gobierno? ¿Por qué?
- ¿Son terrenos donde no vive nadie?

- ¿Qué dice de la situación de los campesinos, de los indios?

- ¿Qué dice de la tierra y del clima?
- ¿Las cosechas son buenas?
- ¿Hace falta importar carne?
- ¿Qué les hace falta a los campesinos para poder vivir?

53 Buenos Aires

Fíjese en estas estructuras gramaticales:

1. El primer europeo que **visitó** el actual territorio argentino **fue** el español Juan Díaz de Solís, quien **llegó** ... Los españoles **tuvieron** esperanzas ... Solís **murió** ... Pedro de Mendoza **desembarcó** ... y **fundó** Buenos Aires. Gr. 14.2
2. Solís **murió** a manos de los indígenas. – morir: murió, murieron Gr. 6.1

1 *Expresarse*

¿Qué puede Vd. contar del pasado y presente de la ciudad en que vive?

Algunas expresiones que le pueden ser útiles:

- fundar una ciudad
- en el año ...
- en el siglo ...
- tener importancia como centro de ...
- tener importancia por su ...
- en la guerra ...
- se destruyó/quedó destruida
- se reconstruyó (reconstruir)
- es famosa/conocida por ...

2 *Expresarse*

Piense Vd. 10 preguntas (o más) que le haría a un amigo español para llegar a saber lo que más le interesa a Vd. de su ciudad. Al hacer las preguntas, puede Vd. partir de ciertas ideas que Vd. ya tiene de diferentes ciudades españolas.

3 *Comprender*

Escuche Vd. una conversación entre un suizo, un paraguayo y una argentina que están viajando en tren a Buenos Aires.

- ¿Qué dicen del calor?
- ¿Qué chiste hace el paraguayo?
- ¿Se van a tutear?
- ¿Qué recomienda la argentina para aguantar mejor el calor?
- ¿Qué ofrece la argentina?
- ¿Qué dice sobre los latinoamericanos?
- ¿Qué costumbres menciona?
- ¿Cómo ve la argentina la vida actual?

54 La población argentina

Fíjese en estas estructuras gramaticales:

1. Argentina **se distingue por** su población, casi exclusivamente blanca.	Gr. 25.1
2. **Al lograr su independencia,** Argentina era un país poco poblado. (Cuando logró ...)	Gr. 13.1
3. **Fueron llegando** muchos emigrantes. - ir llegando - iban llegando	Gr. 12.1
4. **No se puede hablar/no puede hablarse** de emigraciones masivas.	Gr. 20.1
5. **menos de 30.000 indios - nada menos que 1 millón** de personas	Gr. 18.4
6. 10 habitantes **por kilómetro cuadrado**	Gr. 25.1

Fíjese también en estas expresiones:

- Se distingue por el elemento blanco.
- Tanto los mestizos como los indios ...
- Representan/son una minoría.
- El resto corresponde a franceses, alemanes, etc. (El resto son ...)

1 *Comprender*

Preguntas sobre el texto

- ¿Cuál es la característica principal de la población de Argentina?
- ¿Cuándo obtuvo Argentina la Independencia de España?
- ¿Cuántos millones de habitantes había entonces? ¿Y ahora?
- ¿Qué importancia tiene Italia para la Argentina?

En Argentina, los indios representan una reducida minoría

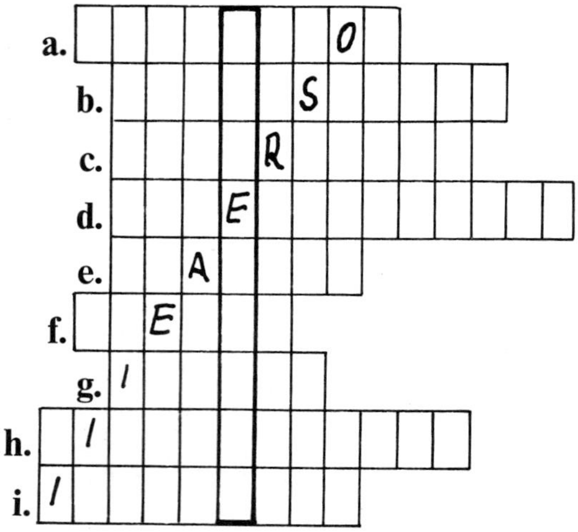

2 Vocabulario

Las palabras buscadas salen en el texto.

a. los habitantes del país
b. ser
c. movimiento de personas que van a otro país
d. liberación de la dominación española
e. la mayoría de los argentinos lo son
f. lugar donde llegan los barcos
g. indígenas de América Latina
h. caracterizarse
i. mayoría de los extranjeros en Argentina

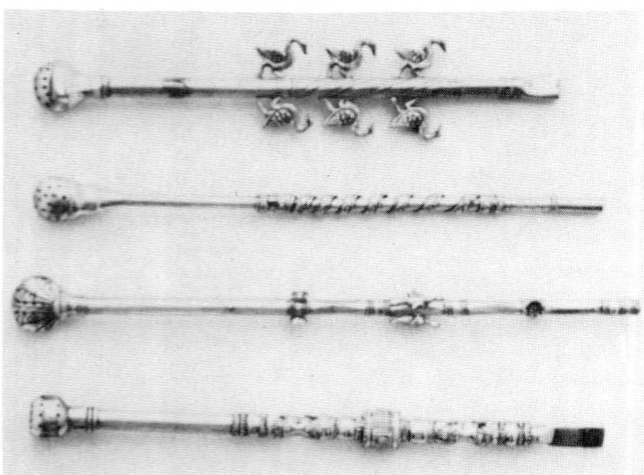

3 Gramática

¿Qué puede Vd. contar del desarrollo de la ciudad, de la región o del país en que vive? Frases que le pueden ser útiles:

- Fueron llegando muchos ...
- Se han ido construyendo ...
- Desgraciadamente se han ido quitando ...
- Va siendo cada vez más difícil ...

Hable también de las perspectivas para el futuro:

- Es de esperar que ...
- Creo que/supongo que ...

Antiguo juego de recipiente y bombillas para sorber mate

unidad 13

57 Colegios

Fíjese en estas estructuras gramaticales:

1. un hijo **de 17 años** – (de pelo largo, de ojos oscuros)	Gr. 25
2. **Quería que** mis hijos **recibieran** también una formación religiosa.	Gr. 16.9
3. Como ese colegio está subvencionado, me cuesta . . . **Como . . . – . . ., porque**	Gr. 26.1

Fíjese también en estas expresiones.

Imagínese algunas conversaciones en que las pueda emplear.

- ¿Trabaja Vd. en algo?
  ¿En qué trabaja?
- Ten en cuenta que . . ./tenga en cuenta . . .
- ¿Cómo se las arregla para . . .?
- Salimos adelante.
- No se crea que . . ./no te creas . . .
- No me lo puedo permitir.
- Esto se va perdiendo.
- hace poco – hasta hace poco
- Me lo exigen.
  Se lo exijo.
- buscar trabajo en otro sitio/por otro lado
- Por supuesto que . . ./claro que . . .
- Eso es la excepción.
  Esta es la excepción.
- el día siguiente

1 *Comprender*

Preguntas sobre el texto

- ¿Cuándo dejó Carmen de trabajar?
  ¿Qué profesión tenía?
- ¿Por qué vive tan bien la familia?
- El marido de Carmen, ¿trabaja ocho horas diarias en el Banco?
- ¿Cuántas horas trabaja en total?
- ¿Cómo se llama lo que hace?
- ¿Van todos los hijos de Carmen al colegio?
- ¿Qué tipos de colegio menciona?
- ¿Qué tipo prefería ella para sus hijos?
- ¿Qué dice sobre la opinión de su marido a ese respecto?
- ¿Qué colegios tienen los mejores profesores, según ella?
- ¿Por qué prefieren muchos padres que sus hijos vayan a un colegio privado, de pago?
- ¿Han sido siempre mixtos los colegios religiosos?
- ¿Tienen todos los profesores el mismo sueldo?
- ¿Van los niños tantas horas al colegio como su padre al Banco?
- ¿Están libres cuando llegan a casa?
- ¿Tienen un día libre?

2 Gramática

de – con – en

a. Carmen tiene un hijo ________________ 17 años.
b. Es un chico ________________ pelo negro, muy negro.
c. Viven en un piso ________________ 5 habitaciones.
d. Es un piso muy bonito, ________________ balcón.
e. Paco tiene un hermano ________________ ojos azules. Se llama Pedro.
f. ¿Has visto pasear por ahí un chico alto ________________ un perro muy grande? Es ése.
g. Y la señora ________________ unos ochenta años que acaba de salir es su abuela.
h. La ________________ pelo gris, que se
i. ha ido ________________ coche con Carmen, ¿sabes a quién me refiero?

3 Gramática

Hay colegios que tienen inglés como primer idioma extranjero y otros que empiezan con francés.

Pues yo prefiero que tengan inglés . . .
Pues yo prefiero que empiecen con francés.

¿Cuál es su opinión?

a. Hay profesores que enseñan matemáticas y nada más, y otros que hablan con los chicos de muchas cosas de la vida . . .
b. Hay niños que van a Institutos del Estado y otros que van a colegios privados. ¿Tú qué prefieres para tus hijos?
c. Hay colegios que dejan mucha libertad a los chicos, y otros que los controlan bastante.
d. En los institutos, los chicos llegan a conocer a niños de familias muy diferentes. En los colegios privados, están más bien entre chicos de la misma clase social.
e. La mayoría de los colegios son mixtos, como los Institutos, pero quedan algunos en que sólo hay niños o niñas.
f. Hay países donde los chicos tienen clase los sábados, y otros donde no tienen colegio.

4 Expresarse

Intente Vd. expresar estas frases de otra forma:

a. *Ten en cuenta* que trabaja también en otro sitio.
b. *¿Cómo se las arregla* para trabajar en dos sitios?
c. ¿Tú crees que sin pluriempleo *no se sale adelante?*
d. *Si se lo pueden permitir económicamente* los mandan a un colegio privado.

e. *Se va perdiendo* esa mentalidad clasista.
f. Tienen que buscarse trabajo *por otro lado.*
g. Se nota *a la hora de dar clases.*
h. *Eso es la excepción.*

5 *Opinar*

¿Qué diría Vd.?

- ¿Qué piensa Vd. de las alternativas indicadas en el ejercicio 3?
- ¿Qué le parece la solución de tener dos trabajos?
- ¿Podría Vd. personalmente arreglárselas para tener dos trabajos?
- Con todos los datos que le da la entrevista con Carmen, ¿le resultaría fácil tomar una decisión respecto a la educación de sus hijos en España?

6 Gramática

Imagínese que sus padres le mandaron a Vd. y a sus hermanos a un colegio privado. Cuente Vd. lo que querían sus padres.

– *Ibamos a un colegio privado.*
Mis padres querían que fuéramos a un colegio privado.

a. Recibíamos una formación religiosa.
b. No teníamos demasiada libertad.
c. Entramos sin dificultades en el colegio (mientras que en algunos Institutos no había plazas).
d. Estábamos bien controlados.
e. Nos relacionábamos con niños de «familias bien».
f. Teníamos «buenas amistades».
g. Ibamos a un colegio mixto.
h. No era un colegio de monjas ...

7 *Discutir*

Roberto y Gonzalo son dos amigos inseparables.
A y B son los padres de Roberto, y quieren mandar a su hijo a un instituto estatal que está en la calle donde viven las dos familias.
C y D son los padres de Gonzalo, y quieren mandarlo a un colegio religioso privado, en las afueras de la ciudad.
Cada matrimonio intenta convencer al otro de que es mejor lo que ellos quieren, para no separar a los chicos.
Intente Vd. identificarse, en la discusión, con A, B, C o D.

8 *Comprender*

Imagínese que Vd. le hace esta pregunta a una española que ha conocido hace poco y que está un poco enterada de las posibilidades que hay de encontrar trabajo:

– *En la España de hoy, pensando en el futuro, ¿qué profesión o qué oficio recomendarías a tus hijos?*

Escuche en la cinta lo que le contesta.

- ¿Hay muchos estudiantes de momento que ya tienen planes concretos en cuanto a su futura profesión?
- ¿Qué recomendaría ella? ¿Por qué?
- Los estudiantes que ella conoce, ¿qué estudian?
- Si ella le hiciera la misma pregunta respecto a su país, ¿qué le diría?
- ¿Qué oficios tienen un futuro garantizado?
- ¿Cuáles tienen menos perspectivas?

9 *Opinar*

Su hijo (o Vd.) ya sabe bastante bien el español, pero le falta la práctica de hablar.

- ¿Le interesaría hacer un intercambio con una familia española?
- ¿Por qué y para qué lo haría Vd. (además de la cuestión del idioma)?
- ¿En qué condiciones?
- ¿Cómo lo puede conseguir?

59 Un día en el colegio

1 Comprender

¿Es esto lo que quiere decir el texto?

a. En el colegio se levantaban muy pronto.
b. La primera cosa que hacían era desayunar.
c. Del comedor iban a las clases.
d. Después de la comida podían salir al aire libre.
e. Luego podían dormir un rato.
f. Por las tardes estaban a veces libres.

2 *Opinar*

¿Qué diría Vd.?

- ¿Qué le parece a Vd. un día de colegio así?
- ¿Es o sería bueno para los niños?
- ¿Cree Vd. que hay colegios así todavía?
- ¿Qué suele hacer hoy día un niño, un día de colegio?
- ¿Qué recuerdos, buenos y malos, tiene Vd. del tiempo en que iba al colegio?

3 *Expresarse*

Cuenten Vds. lo que hacían cuando iban al colegio.

¿Qué pensarán estos niños españoles de su colegio?

62 Escucha, adulto

Fíjese en estas estructuras gramaticales:

1. **Se quejan, citando** frases, de las cosas que se les pide.	Gr. 12.2
2. pedir, impedir: **piden, impiden**	Gr. 1.5
3. espera, levántate, . . .	Gr. 4
ten cuidado – pon la mesa – etc.	Gr. 4.1

Fíjese también en estas expresiones:

- Se me pide hacer muchas cosas.
  Se me piden muchas cosas.
- No se preocupe.
- No sea Vd. así.

1 *Expresarse*

Hemos visto por ahí en algún sitio un letrerito que preguntaba: ¿Ya ha alabado Vd. hoy a su hijo?

- ¿Qué les podrían decir los padres a sus hijos para alabarlos (y los hijos a sus padres)?
- ¿Qué les podrían permitir los padres a sus hijos, animándolos, dándoles confianza en ellos mismos?
  (Vete a jugar, si quieres, ponte el pantalón que quieras . . .)

2 Gramática

Para decir las mismas cosas (permisos u órdenes) a varios niños, la forma más sencilla es esta:

Iros a jugar, si queréis.
Poneros los pantalones que queráis.
No os preocupéis, no va a pasar nada.

Piensen Vds. algunos permisos u órdenes así.

3 *Opinar*

¿Qué diría Vd.?

- ¿Es verdad que las frases que han apuntado los chicos las dicen frecuentemente los adultos, los padres?
- ¿Cuándo y por qué las dicen?
  (Dé Vd. una explicación para cada frase).

  En algunos casos, los adultos podríamos conseguir lo que queremos con palabras más amables y menos violentas, ¿no le parece? ¿Puede dar algún ejemplo?

unidad 14

63 Adolfo Pérez Esquivel

Fíjese en estas estructuras gramaticales:

1. **un hombre cualquiera** Gr. 24.1
2. No es un hombre cualquiera, pero **lo parece.** Gr. 20
   El miedo es contagioso, la solidaridad también **lo es.**
3. **Ha sido encarcelado, ha sido torturado.** Gr. 8.2
4. ¿Advirtió Vd. mejoras? – advertir: **advirtió** (advierte) Gr. 1.2, 6.1
5. **Siguen apoyándose** en la fuerza. Gr. 12.1

Fíjese también en estas expresiones:

- Me llevo sólo un par de camisas ...
- Es que no doy mi brazo a torcer.
- Por paz entiendo tranquilidad.
- Somos capaces de encontrar una solución.
- Hay que luchar por la justicia y por la libertad.
- No me refiero a mí mismo.
- Trato de tener tiempo para mí mismo.
- No me gustan los letreros.
- Soy partidario de la libertad.
- Me preocupa (el paro).

1 *Comprender*

Preguntas sobre el texto

- Adolfo Pérez Esquivel ¿es un hombre corriente?
- ¿Distingue él mucho entre su vida privada y su vida profesional?
- ¿Estuvo el gobierno argentino orgulloso de que recibiera Esquivel, un argentino, el Premio Nobel?
- ¿Qué critica Pérez Esquivel?
- Según él, ¿puede ser una buena política callarse en una situación de injusticia?
- ¿Le gustan las situaciones extremas?
- ¿Con quiénes y contra quiénes lucha?
- ¿Le queda algún tiempo para hacer algo personal?
- ¿Qué dice de la mujer?
- ¿Piensan todos lo mismo de él y de su trabajo?
- ¿Piensa él que el miedo se puede superar?

2 Gramática

cualquier – cualquiera – cada

a. Esquivel no es un hombre ________________ .
b. Dedica ________________ minuto de su trabajo a la lucha por la justicia.
c. ________________ que llega a conocerlo dice que es una persona muy sencilla.
d. Por el trabajo que hace, en ________________ momento le puede ocurrir que le vuelvan a meter en la cárcel.
e. Esquivel quiere evitar ________________ tipo de violencia y de situaciones extremas.
f. En su vida privada, como ________________ otra persona tiene cosas que le gusta hacer, como pintar, salir, bailar . . .

3 Vocabulario

Exprese el sentido de las frases siguientes sin emplear la palabra «advertir».

a. Pérez Esquivel fue preguntado si advirtió mejoras en su viaje por Chile.
b. Nos advierte que la solidaridad es contagiosa.
c. Nos advierte que no pensemos que la paz signifique ausencia de conflicto.

4 *Opinar*

¿Qué diría Vd.?

- ¿Qué es para Vd. un hombre como otro cualquiera? Descríbalo.
- ¿Le gusta trabajar en equipo (o hacer muchas cosas juntos) o prefiere trabajar solo? Explique por qué.
- ¿Qué le interesa de la vida personal de otras personas? ¿Qué le interesa saber de su jefe, de sus compañeros de trabajo, de sus vecinos? ¿Por qué?
- ¿Lleva Vd. mucho equipaje en los viajes? ¿Qué es lo más importante para Vd.? ¿Se le olvidó alguna vez llevar algo muy importante? Cuente lo que hizo.
- ¿Vd. se considera político? ¿Hasta qué punto le interesa la política?
- ¿Le horrorizan los conflictos en su vida privada y en su vida profesional? ¿Qué hace cuando tiene un conflicto? ¿Qué hace para evitarlo?
- ¿Qué le parece lo más importante para resolver un conflicto entre dos personas?
- ¿A quién admira Vd.? ¿Por qué?

5 *Expresarse*

Escoja Vd. algún tema del ejercicio anterior y escriba unas cuantas ideas.

6 Expresarse

Aquí le damos la solución del crucigrama, y Vd. pondrá las definiciones correspondientes.

a.		L	U	CH	A	R					
b.					P	E	G	A	R		
c.					O	F	E	N	D	E	R
d.				A	Y	U	D	A	R		
e.				P	A	Z					
f.	A	D	M	I	R	A	R				
g.			B	U	S	C	A	R			
h.	E	X	T	R	E	M	O				

7 Vocabulario

Tiene Vd. 5 minutos para apuntar cosas que le gusta hacer. Luego se compararán las listas de cada uno y se discutirá si se acepta todo.

8 *Discutir*

A y B hacen un proyecto para viajar juntos (duración, lugar adonde van, época del año). A siempre lleva poco equipaje, lo menos posible, mientras que B prefiere llevar un montón de cosas, «porque nunca se sabe». C también opina. Cada uno explicará por qué (no) le parecen necesarias, entre otras, las cosas siguientes:

- hilo, botones, tijeras
- píldoras, comprimidos (para resfriado, dolores, diarrea . . .)
- vendas, desinfectante (para heridas)
- la maquinilla (para afeitarse)
- un pequeño espejo
- seis corbatas
- un bolígrafo
- el paraguas, un impermeable
- algún juego
- papel para cartas, tarjetas postales
- zapatos, playeras, botas
- una docena de pañuelos
- . . .

Intente Vd. identificarse, en la conversación, con A o B. Discutan también cuántas maletas tendrán que llevarse para que les quepa todo.

64 Expresarse para vivir

Fíjese en estas estructuras gramaticales:

1. Se intenta **evitar que se hable** de la realidad. — Gr. 16.1
2. Mi trabajo me impide ir. – impedir: **impide** (grupo: pedir) — Gr. 1.5

Fíjese también en estas expresiones:

- Hace tiempo que . . .
- lo que sucede/pasa
- No tenemos nada en común.
- No es sólo esto lo que necesito.
- No me contento sólo con esto.
- tomar una decisión.
- Me siento solidario con . . .
- . . ., queramos o no.

1 Comprender

Preguntas sobre el texto

Intente Vd. contar a su manera lo que dice el artículo.

2 Gramática

¿Qué debe evitarse y qué debe conseguirse en un país para que sea de verdad una «patria habitable»?

Hay que conseguir que (no) . . .
Hay que evitar/impedir que . . .

a. hablar de lo que realmente sucede entre nosotros
b. tomar conciencia de los problemas sociales
c. limitar las posibilidades de informar y de informarse
d. convertirse todo en competencia
e. perderse el sentido de la solidaridad y de la cooperación
f. quedar limitada la «participación social» al consumo
g. ir creando un mundo irreal en los medios de comunicación
h. darse cuenta todos de que nos une algo común
i. frustrarse la gente porque no puede participar

3 Gramática

Escoja Vd. las expresiones que se combinen mejor:

Los que pertenecemos a esta misma tierra	tenemos que sentirnos solidarios
Los que hemos nacido aquí	enfrentaremos juntos al futuro
Los que no queremos limitarnos al consumo	necesitamos más que pan y circo
Los que trabajamos en este país	no queremos ver un mundo irreal
Los que vivimos en este país	queremos informarnos
Los que vemos la televisión	queremos expresarnos libremente
	queremos participar

4 Opinar

¿Qué diría Vd.?

Reaccione Vd., según su opinión personal, a lo que le dicen otras personas, y explique sus argumentos en pro y en contra:

- En nuestro país no hay verdaderamente libertad de expresión.
- Nos podemos informar bastante bien de todo lo que pasa.
- Hay mucha gente que participa muy poco en la vida del país.
- Nuestra sociedad es cada vez más inhumana.
- Los jóvenes se limitan a una actitud de consumo, nada más.
- En nuestro país, nos sentimos muy solidarios los unos con los otros.

5 *Comprender*

Escuche Vd. una conversación con unas chicas chilenas.

- ¿Qué dicen de la geografía de su país?
- ¿Y de las posibilidades de viajar por Chile?
- ¿Qué suelen hacer los chilenos en las vacaciones?
- ¿Qué dicen de las viviendas en Chile?
- ¿Qué dicen de la situación de trabajo?
- ¿Se notan en la conversación las diferencias del idioma?
- ¿Cuándo llegó la mayoría de los alemanes que viven en Chile?
- ¿Son chilenos o siguen siendo alemanes?
- ¿Se han integrado totalmente?
  ¿En qué se nota, por ejemplo?
- ¿Qué problemas tienen en su relación con Alemania?

65 Los cateadores

Fíjese en estas estructuras gramaticales:

1. **Uno puede** caminar días y días sin encontrar un árbol. Gr. 24.2
2. **Hubo** famosos cateadores. – hay: había – hubo Gr. 6.2
3. **Lo que** buscaba era oro y plata. Gr. 23.2
4. **Cuando encontraba** un mineral que no le **interesaba, ponía** un letrero y **seguía** su camino. Gr. 14.1

Fíjese también en estas expresiones:

- Se ha enamorado de ella.
  Está muy enamorado de ella.

1 Expresarse

Formulen Vds. mismos algunas preguntas sobre el texto. Pueden orientarse en estas ideas:

- el desierto chileno
- ¿hoy?
- ¿exploradores?
- su vida, su alimentación
- Almeyda
- su interés, su manía
- cuando descubría minas, ¿. . .?
- ¿a los sesenta años? etc.

Háganse mutuamente estas preguntas y contesten según la información que les da el texto.

2 *Opinar*

Explique o escriba Vd. por qué (no) le hubiera gustado ser uno de los cateadores chilenos.

3 *Opinar*

¿Qué diría Vd.?

- Cuente Vd. cómo cree que vivía la gente en su país hace 50 ó 100 años.
- ¿Por qué (no) le hubiera gustado vivir en aquella época?
- ¿Qué era mejor entonces, y qué era peor, según su opinión?

El Aconcagua, la montaña más alta de América del Sur

66 Chile antes de la conquista

Fíjese en estas estructuras gramaticales:

1. Se ayudan **unos a otros.** — Gr. 24
2. Los araucanos **vivían** . . ., **se juntaban** en grupos, **se alojaban** . . ., **construían** casuchas, **debían** soportar el calor y la lluvia . . . — Gr. 14.1
3. Los quechuas **invadieron** Chile. **Llegaron** hasta el valle de Aconcagua, donde algunos **se quedaron.** — Gr. 14.2
4. **Aunque** el Camino del Inca **lo hicieron** en el siglo XV, todavía quedan trozos de él. — Gr. 16.8

Fíjese también en estas expresiones:

- Tenemos que ayudarnos los unos a los otros.
- Yo no aguanto/soporto este calor.
- Lo veo muy claro.
- ¿Quién mandó hacer esto?

1 Comprender

¿Es esto lo que quiere decir el texto?

a. Los araucanos vivían entre la cordillera y el mar.
b. Habían creado un Estado.
c. No tenían casas de piedra.
d. Vivían en una zona donde llovía mucho.
e. Los hombres y las mujeres hacían los mismos trabajos.
f. Los quechuas formaban un vasto imperio.
g. Hacían grandes construcciones de piedra.
h. Los conocimientos de los quechuas eran en muchos aspectos superiores a los de los otros habitantes.
i. No se sabe quién hizo construir el Camino del Inca.
j. De este famoso Camino ya no quedan restos.

2 *Comprender*

Preguntas sobre el texto

- El texto contiene cinco informaciones básicas sobre los araucanos. Resuma algunas.
- El texto contiene seis o siete informaciones básicas sobre los quechuas. Resuma algunas.

Haga el resumen también por escrito.

Santiago de Chile, una gran ciudad de más de 3 000 000 de habitantes

3 *Expresarse*

¿Qué sabe Vd. de su propio país?

Hablando de su propio país con un español o latinoamericano, ¿qué le diría Vd.?

- ¿Tiene su país unos ríos importantes?
- Se utilizan los ríos como vías de transporte?
- ¿Cuáles son las ocupaciones y las actividades típicas hoy día (del hombre/de la mujer)?
- ¿Existe el pluriempleo en su país?
- ¿Ha habido muchas invasiones de otros pueblos?
- ¿Qué clima tiene su país en general?
- ¿Cuál sería el clima ideal para Vd.?
- ¿Ha pasado Vd. personalmente por la experiencia de vivir alguna guerra?
- ¿Qué se piensa en su país del desarme nuclear, de las guerras? (¿Y Vd.?)
- ¿Cree Vd. que los gobiernos actualmente quieren evitar de verdad la guerra?
- ¿Cuáles son las fuentes económicas más importantes de su país?
- ¿Queda en su región algún resto, algún monumento antiguo?
- ¿Sabría Vd. contestar alguna de estas preguntas también hablando de otros países (España, algún país latinoamericano)?

67 Soy nada más que un poeta

Fíjese en estas estructuras gramaticales:

1. las campanas **recién compradas**	Gr. 18.6
2. **Yo** vine aquí **para cantar** y **para que cantes (tú)** conmigo.	Gr. 13.1 Gr. 16.5
3. **Pensemos** en toda la tierra.	Gr. 16

1 *Expresarse*

Resuma Vd. en pocas palabras las cuatro o cinco ideas fundamentales de la poesía de Pablo Neruda.
Hágalo también por escrito.

2 Vocabulario

Explique Vd. estas expresiones:

- las campanas recién compradas
- una pareja de recién casados
- un niño recién nacido
- un coche recién comprado
- con la cabeza recién lavada
- un libro recién publicado
  una reciente publicación

3 Vocabulario

Explique lo que quiere decir la palabra *mandar* en estas frases:

a. Mandaron construir una carretera.
b. Los soldados mandan a los jueces.
c. A los chicos los mandaron a un buen colegio.
d. Te mandaré un paquete.
e. En mi casa mando yo.

– ¡ Baja!
– No me da la gana. En mi casa mando yo.

unidad 15

68 Soy de Guernica

Fíjese en estas estructuras gramaticales:

1. (Nos) **vinimos** a Vitoria **cuando yo tenía 9 años,** y **siempre he vivido** aquí. — Gr. 14.2, Gr. 14.3
2. **No es que nos haya dado** de repente una manía. — Gr. 16.3
3. **como si fueran** gangsters — Gr. 16.6
4. Tenemos **ganas de que se vayan.** — Gr. 16.1
5. Piden que se reconozca la lengua vasca. – reconocer: que **reconozca** — Gr. 1.7

Fíjese también en estas expresiones:

- Tengo recuerdos de cuando era pequeño. Me acuerdo (de) que ...
- ..., ¡qué sé yo!
- ..., cosa que no es muy corriente
  ..., lo que no es muy corriente
- Tenemos conciencia de que somos un pueblo antiguo.
- ¿Cómo se explica entonces esto?
- un país así, una familia así, una cosa así
- Lo veo lógico.
- Estamos hasta las narices del terrorismo. (Estamos hartos.)
- Estamos de acuerdo en lo que queremos hacer.
- No estoy dispuesto a hacerlo.
- No sé qué va a pasar ...

1 *Comprender*

Preguntas sobre el texto

- ¿Qué es Guernica?
- ¿Qué recuerdos tiene Pilar personalmente de Guernica? ¿Qué le gustaba?
- ¿Qué diferencia había entre la gente del campo y la de la ciudad?
- ¿Qué dice Pilar de los vascos y de su historia?
- ¿Qué dice del pensamiento actual de los vascos?
- ¿Qué dice del carácter de su pueblo?
- ¿Cómo explica la contradicción entre el carácter del pueblo y el terrorismo vasco?
- ¿Qué piensan los vascos hoy del terrorismo?
- ¿Y de la policía del gobierno central?
- ¿Cree Pilar que los vascos conseguirán todo lo que quieren conseguir?
- ¿Qué solución ve ella?

2 Vocabulario

ir – venir – llevar – traer

Pilar vivía de niña en Guernica.

a. Cada lunes ________________ los campesinos al mercado.

b. ________________ sus productos para venderlos.

c. A Pilar le gustaba ________________ al mercado con su madre y verlo todo.

d. La madre compraba en el mercado verduras, huevos, pollos, etc. y lo ________________ todo a casa.

e. Con ocasión de la feria de octubre, solía ________________ de visita su abuelo, que vivía en la costa.

f. Cuando Pilar tenía 9 años, la familia se ________________ a vivir a Vitoria.

Allí sólo se hablaba español.

3 Gramática

Pilar no nació en Vitoria, *sino* en Guernica.
Pilar no es de Vitoria, *sino que nació* en Guernica. Gr. 27.1

a. Vitoria no es puramente vasca, ________________ está bastante castellanizada.

b. Pilar no tiene muchos recuerdos de Guernica, ________________ más bien de Vitoria.

c. Los campesinos que venían al mercado no hablaban castellano, ________________ vasco.

d. El vasco no es una lengua románica, ________________ se hablaba ya mucho antes de la llegada de los romanos.

e. Eso de sentirse vascos no es una idea reciente, ________________ los vascos siempre han tenido la conciencia de formar un pueblo propio.

f. No es que los vascos sean gente muy violenta, ________________ al contrario les gusta la vida tranquila y en paz.

g. Los vascos no están de acuerdo entre ellos, ________________ son un pueblo bastante dividido, según Pilar.

4 *Opinar*

¿Qué diría Vd.?

- ¿Cómo se explica Vd. la existencia del terrorismo?
- ¿Puede Vd. imaginarse una situación en que comprendería o defendería actos de violencia?
- ¿Ha habido últimamente noticias interesantes sobre el País Vasco? ¿Positivas o negativas?

5 Gramática

Ponga la forma correspondiente del verbo. (Repaso sistemático.)

a. Vd. ha hecho mucho por mí. Lo (reconocer) ________________ .
b. Y se lo (agradecer) ________________ mucho.
c. Yo (conocer) ________________ a muchas personas, pero ninguna me ha ayudado tanto como Vd.
d. Hoy le (ofrecer) ________________ yo una cosa que le puede gustar.
e. Vamos a ver juntos, si quiere, unas casas antiguas y muy bonitas antes que (desaparecer) ________________, porque ya sabe que allí van a construir uno de esos monstruosos Bancos de treinta pisos . . .
f. No tengo nada en contra de que la ciudad (crecer) ________________, pero es una pena que destruyan tanto el carácter del centro.
g. Yo (pertenecer) ________________ a ese grupo de personas que discuten mucho el problema.
h. Queremos que (establecerse) ________________ una serie de normas para conservar por lo menos lo que queda todavía de la ciudad antigua.

6 Gramática

Su amigo no comprende del todo cómo es Vd. y cómo piensa. Contéstele, completando las frases como quiera.

– *¿No te gusta estar con nosotros?*
– *Hombre, no es que no me guste, pero . . . (me están esperando en casa).*

a. ¿No quieres pasar el fin de semana con nosotros?
b. Tú te sientes un poco distanciado/distanciada de la familia de tu mujer/marido, ¿verdad?
c. A ti te ha dado de repente la manía de ser diferente de los demás, ¿no?
d. Te consideras más listo que todos los demás, ¿verdad?
e. Tú eres bastante conservador, ¿verdad?
f. Siempre defiendes los intereses de los patronos . . . ¿Por qué?
g. Paco no te parece simpático, ¿verdad?

7 Comprender

Escuche Vd. una conversación con un vasco que nos habla un poco de su vida, de su tierra, de su mentalidad.

- Según Javier, ¿dónde se habla más el vasco?
- En total, ¿se habla mucho?
- ¿Lo habla él?
- ¿Qué dice sobre el idioma vasco?
- ¿Se siente él más vasco o más español?
- ¿Tiene mentalidad castellana?
- ¿Qué cuenta de Vitoria?
- ¿De qué costumbres habla?
- ¿Qué significa para él y sus amigos vascos tomar vino juntos?
- ¿Qué relación ve entre la tierra y la mentalidad vasca?

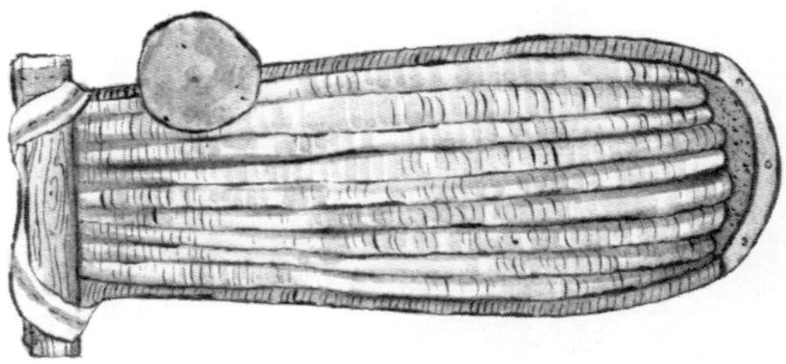

69 ¿Dónde se vive mejor?

Fíjese en estas estructuras gramaticales:

1. ¿España **sigue siendo** un paraíso más allá de la temporada turística? Gr. 12.1

2. Tiene **tantos monumentos como** Toledo.
   Tiene una economía **tan fuerte como** Guipúzcoa. Gr. 18

Fíjese también en estas expresiones:

- Tenga en cuenta lo que le he dicho.
- reunir todas las condiciones para ...

1 Comprender

¿Es esto lo que quiere decir el texto?

a. Las tres provincias donde mejor se vive están en la mitad norte de la Península.
b. Según los datos de la revista, se vive mejor en Portugal que en España.
c. España es el país ideal no sólo para pasar las vacaciones.
d. La situación sanitaria de la provincia de Salamanca no es buena.
e. En Palencia no faltan Institutos y colegios.
f. La provincia de Guipúzcoa (capital: San Sebastián) es muy importante por su industria y comercio.

2 Gramática

Un poco de geografía

Las provincias españolas suelen tener el mismo nombre que su capital. Así, «en Avila» puede significar «en la ciudad de Avila» o también «en la provincia de Avila». Pero hay algunas excepciones:

- La provincia cuya capital es Bilbao se llama ...
- La capital de la provincia de Navarra es ...
- La provincia cuya capital es Vitoria se llama ...
- La capital de la provincia de Asturias es ...

3 *Opinar*

¿Qué diría Vd.?

Hablando de su propio país, imagínense un periodista extranjero que les pregunta sobre las diferentes regiones, partes, zonas, provincias etc. y quiere saber

- dónde hay los paisajes más bonitos
- dónde hay las ciudades más antiguas
- dónde se come mejor
- dónde hay las industrias más fuertes

- dónde hay las mejores posibilidades de trabajar y ganar dinero
- dónde hay más y dónde hay menos contaminación
- dónde se habla mejor el idioma del país
- dónde es más agradable la gente
- dónde se bebe más cerveza y dónde más vino
- dónde hace el mejor tiempo durante todo el año.

4 *Opinar*

Háganse Vds. las mismas preguntas del ejercicio anterior, pero ahora refiriéndose a España (o algún país de Latinoamérica), e intenten, con la ayuda del profesor, dar algunas respuestas.

5 Gramática

Haga Vd. un retrato-robot de una región donde a Vd. le gustaría vivir (como por ejemplo: una región *que tenga montañas, que no esté contaminada, que . . .*).

A lo mejor le servirán algunas de estas expresiones:

- ofrecer posibilidades de . . .
- no tener demasiada circulación
- haber gente pacífica y sociable
- terrenos baratos
- escuelas, teatros, hospitales
- clima sano, suave, agradable
- tiempo magnífico
- paisaje
- tener buenas comunicaciones
- estar cerca de . . .
- haber trabajo

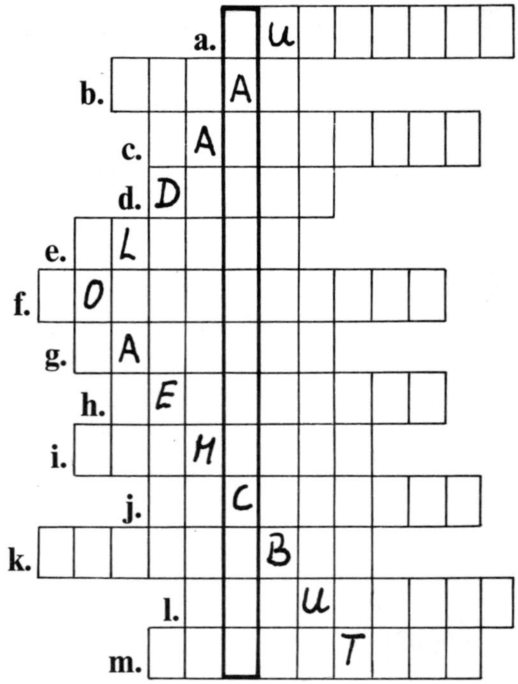

6 Vocabulario

Las palabras buscadas salen casi todas en el texto.

a. dar a conocer en forma escrita
b. lo mejor que se puede imaginar uno
c. vía para automóviles
d. información exacta
e. escoger entre varios
f. circunstancias
g. país absolutamente perfecto y maravilloso en todo
h. época del año
i. donde se venden medicinas
j. algo que ocurre causando una desgracia
k. más de lo posible o de lo aceptable
l. edificio antiguo que vale la pena ver
m. antes del último

70 Movimientos interiores

Fíjese en esta estructura gramatical:

1. las provincias con mayor concentración urbana **e industrial** Gr. 26.2

1 Comprender

¿Es esto lo que quiere decir el texto?

a. De las provincias del interior (menos alguna excepción) sale constantemente parte de la población.
b. Las provincias de las costas son todas más bien ricas.
c. El sistema de transportes por ferrocarril está bastante desarrollado en España.
d. Económicamente, España depende cada vez más de otros países.
e. Hasta 1950, la gente que buscaba trabajo y quería abrirse camino se iba sobre todo a América del Sur.
f. La emigración interior no llega a tener la importancia de la que se dirige a otros países.

2 Vocabulario

Lea el texto y busque palabras formadas a base de las palabras siguientes:

la costa – las provincias *costeras*
el pueblo – ________________
crecer – ________________
difícil – ________________
depender – ________________
transportar (o trasportar) – ________________

¿Qué palabras se pueden formar a base de las palabras siguientes?

campo – producir – nación – tranquilo – cantar – organizar – depender – conocer – legal – sano

3 Vocabulario

¿Conoce Vd. estas palabras?

tren – avión – coche – coger – cambiar – subir – bajar – vuelo – círculo – billete – reserva – suplemento

Hay una palabra que no pega en esta serie. ¿Cuál es? ¿Por qué? ¿A qué tema pertenecen todas las demás, en un sentido amplio?
¿Se le ocurre con cada una de estas palabras una frase corriente?

4 Vocabulario

Busque las palabras correspondientes.

a. movimiento o tendencia
b. lo que uno aprende viviendo
c. transportes
d. de forma completamente opuesta
e. período de tiempo
f. creación y desarrollo de industrias
g. hacer necesario o inevitable

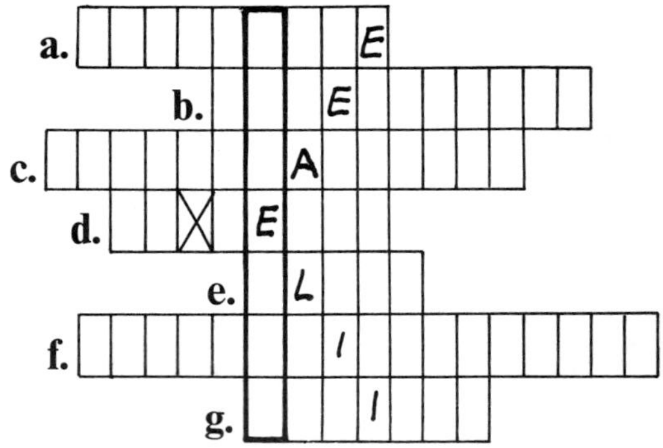

71 Canciones vascas

Fíjese en estas estructuras gramaticales:

1. El baile ha sido importante, **por lo cual se dice que ...** — Gr. 23.1

2. **Dice** que **es** un pequeño pueblo que no **vive,** sino que **baila** ...
Dijo que **era** un pequeño pueblo que no **vivía,** sino que **bailaba** ... — Gr. 15

3. Era un pueblo que no vivía, **sino que bailaba.** — Gr. 27.1

Boga, boga (Canción vizcaína)

Boga, boga, ¡marinero! la barquilla no volverá.
Voy lejos de aquí, voy lejos de aquí.
Adiós, no te veré más, tierra donde nací.
Adiós, riberas del mar que me mirais partir.
Marinero, ¡boga! marinero.

unidad 16

N TU VOTO NARANJA
PUEBLO SERA
BIERNO
UDP
honestidad capacidad lealtad
MIR JAIME PAZ ZAMORA UDP
vice presidente

73 Bolivia

Fíjese en estas estructuras gramaticales:

1. **el 60 por ciento** Gr. 17
2. **más del 60 por ciento** Gr. 18.4

Fíjese también en estas expresiones:

- practicar la agricultura/un deporte
- La agricultura produce poco rendimiento.
- Esto hay que tenerlo en cuenta.
  Teniendo en cuenta esta situación, . . .

1 *Comprender*

Preguntas sobre el texto

- ¿Se trabaja en la agricultura boliviana con mucha maquinaria moderna?
- ¿Qué nos dice el artículo indirectamente de la mayoría de las explotaciones agrícolas?
- ¿Tiene en cuenta el gobierno esta situación?
- ¿Qué dice el artículo sobre la producción de carne?
- ¿Qué ventajas ofrecen las llamas y las vicuñas?

2 Gramática

Exprese estos porcentajes en cifras redondas, por ejemplo:

el 12 por ciento – más del 10 por ciento

a. el 9 por ciento
b. el 42 por ciento
c. el 91 por ciento
d. el 59 por ciento
e. el 73 por ciento
f. el 78 por ciento
g. el 31 por ciento
h. el 39 por ciento

3 Gramática

Lea primero el número indicado, expresándolo luego en cifras redondas. Ejemplo:

3.980.000 habitantes, o sea *un poco menos de 4 millones.*

a. 50.069 millones de pesetas
b. 398.156 habitantes
c. 412.500 pesetas
d. 21.798 dólares
e. 597.989 toneladas de naranjas
f. 3.021 apartamentos recién construidos
g. 4.979 toneladas de basura diarias
h. 3.998.000 habitantes

4 *Expresarse*

Calcule cuánto es, más o menos, en la moneda de su país:

a. 390 pesetas
b. 450 pesetas
c. 590 pesetas
d. 21.500 pesetas
e. 331.000 pesetas
f. 851.000 pesetas

¿De qué objetos podrían ser éstos los precios?

5 *Opinar*

¿Qué diría Vd.?

Discutan Vds. algunas ideas para una reforma agraria. Pueden ser útiles para la discusión estas palabras:

- expropiar, expropiación
- indemnizar, indemnización
- repartir
- superficie máxima/mínima
- cooperativas

74 Potosí: el ciclo de la plata

Fíjese en estas estructuras gramaticales:

1. el siglo XVII **(el siglo diecisiete)** Gr. 19.3
2. Estas iglesias se están **viniendo** abajo. Gr. 2.1

Fíjese también en estas expresiones:

- a principios del siglo
  a la mitad del siglo/a mediados del siglo
  a fines del siglo
- La casa se está viniendo abajo.
- Es una lástima, es una pena.
- Me puede Vd. prestar un servicio.
  Me puede Vd. hacer un favor.

1 Expresarse

Intente Vd. expresar con sus propias palabras algunas ideas e informaciones del texto:

- ¿Cuándo fue la época más brillante de Potosí, y qué dice el texto de aquella época?
- ¿Qué obra de arte describe?
- ¿Cómo están las iglesias hoy?
- ¿Qué elementos se mezclan en ellas?
- ¿Siguen siendo iglesias?

2 *Opinar*

¿Qué le parecen estos argumentos?

- Es una pena que se pierdan tantas obras de arte. Debería ocuparse de ellas el Estado conservándolas y manteniéndolas.
- El Estado debe ocuparse del presente: debe construir carreteras, colegios, hospitales, etc., y no gastar dinero en monumentos antiguos que luego no sirven para nada.

3 Gramática

Ponga la forma correcta. (Repaso sistemático.)

- ¿Cómo está tu madre?
- Muy bien, gracias. Claro, ella siem-

a. pre está (decir) ________________
que ya no se siente bien, que tiene dolores aquí y allá, pero para la edad que tiene sigue (sentirse)
b. ________________ bastante bien.
c. Están (venir) ________________ constantemente amigas suyas a verla, no se aburre nunca. Por la noche ve la televisión con nosotros. A veces, si no le interesa
d. el programa, está (dormir) ________________
todo el rato, pero no se quiere acostar. Lee mucho, y tiene un sentido del humor increíble. A veces se está (reír)
e. ________________ media hora cuando lee
f. un buen chiste. Está (seguir) ________________
un régimen de comida que le dio el médico, y desde entonces va
g. (perder) ________________ peso y está mucho mejor.

4 Vocabulario

Seguro que Vd. conoce todas estas palabras:

seco – verde – oscuro – castaño – colorado – blanco – rojo – tinto – rosa – violeta

Hay dos palabras que en realidad no pertenecen a esta serie. ¿Cuáles son?
¿Se le ocurre una frase corriente con cada una de estas palabras?

Objeto de plata boliviano de la época colonial

75 Tres héroes

Fíjese en estas estructuras gramaticales:

1. Hay hombres que viven contentos **aunque vivan** sin dignidad. Gr. 16.8
2. Parecía **como si estuviera esperando** siempre la hora de montar a caballo. Gr. 16.6

Fíjese también en estas expresiones:

- No hablan más que de errores.
  Sólo hablan de errores.

1 Comprender

¿Es esto lo que quiere decir el texto?

a. Hay hombres que parece que no tienen amor propio.
b. Hay hombres que se rebelan por todos.
c. Hubo hombres así en diferentes partes de América.
d. Estos hombres no pueden cometer errores.
e. Son fuertes como el sol.
f. Bolívar no se cansaba de pensar en su país.
g. Creó varios países nuevos.
h. Los soldados de Bolívar no tenían muchas armas.
i. Bolívar luchó sobre todo por la libertad de América.

2 Gramática

Imagínese que Vd. tiene para el próximo fin de semana unos proyectos muy determinados. Los va a mantener Vd. *aunque a lo mejor pasen cosas* que no estaban dentro de su programa. Por ejemplo, piensa darse Vd. un paseo. Pero:

A lo mejor lloverá.
– *Aunque llueva (pienso darme un paseo).*

A lo mejor, . . .

a. su familia dormirá hasta las diez. (Vd. piensa levantarse temprano).
b. llamarán unos amigos para decir que vaya Vd. con ellos al cine por la tarde. (Vd. piensa . . .)
c. su hijo dirá que no quiere acompañarle. (Vd. piensa visitar a su hermano.)
d. hará mal tiempo. (Vd. quiere dar un paseo.)
e. habrá un partido de fútbol en la televisión. (Vd. quiere oír discos.)
f. uno de los amigos que ha invitado para la cena no podrá venir. (Vd. cree que lo van a pasar muy bien.)
g. sus amigos intentarán convencerle para que después de la cena vayan todos a una fiesta

que hay en otro pueblo. (Vd. se quedará en casa después de cenar.)

h. le ofrecerán llevarle allí en su coche para que Vd. no tenga que conducir. (Vd. no cambiará de idea.)

Cuente Vd. al día siguiente lo que hizo Vd.:

- *Di un paseo aunque llovía.*

a. Me levanté temprano aunque mi familia durmió hasta las diez.

b. . . .

76 El sueño de Pancho Villa

Fíjese en estas estructuras gramaticales:

1. **Cuando se establezca** la nueva República, no habrá más ejército en México.
   Cuando la patria sea invadida, . . . Gr. 16.8
2. **Desearía que** el gobierno **estableciera** una fábrica para curtir cueros. Gr. 16.9
3. haber: **habrá** – poner: **pondremos** – hacer: **harán** Gr. 5.1

1 Comprender

Preguntas sobre el texto

- ¿Qué son, para Pancho Villa, los ejércitos?
- ¿Qué le gustaría que hiciera el ejército?
- ¿Trabajarán todos los días de la semana?
- ¿Qué se haría en caso de una invasión enemiga?
- ¿Cómo le gustaría vivir a Pancho Villa?

2 Opinar

¿Qué diría Vd.?

- ¿Es realizable el sueño de Pancho Villa con respecto al ejército?
- ¿Conoce Vd. algún país del mundo sin ejército?
- ¿Qué suele ocurrir cuando el ejército toma el poder en un país?
- ¿Qué hace el ejército en tiempos de paz?
- ¿Qué alternativas ofrecen algunos países a los que no quieran hacer el servicio militar?
- ¿Por qué motivos se niegan algunos jóvenes a hacer el servicio militar? ¿Qué opina Vd.?

3 Vocabulario

Tienen Vds. 3 minutos para apuntar cosas que cada uno hace todos los días. Luego se compararán las listas de cada uno para ver quién tiene más, y se discutirá si se acepta todo.

77 Un país de grandes posibilidades

Fíjese en estas estructuras gramaticales:

1. ¿Es un buen presidente? **Lo es** indudablemente.	Gr. 20.3
2. **Al minero se le teme.** **Al minero le gusta** demostrar su habilidad.	Gr. 20.2
3. **Se admiran sus luchas,** se temen sus rebeliones.	Gr. 8.1
4. a sus **treinta y un años** (31, 41 . . .)	Gr. 19.1
5. **Son envidiados por** otros hombres.	Gr. 8.2
6. **No** les liberó **ni** del hambre **ni** de la pobreza.	Gr. 27
7. Se sienten **peor tratados que nadie.**	Gr. 27.3
8. un país **cuatro veces mayor** que el otro	Gr. 18

Fíjese también en estas expresiones:

- por las noches/ a las 10 de la noche
- hace unos treinta años
- Se pegó un tiro.
  Le pegaron un tiro.
- conseguir un puesto; recibir algo
- siempre que, cada vez que
- Me temo que sea así.
- Vivo a pocos kilómetros de aquí.
- No se puede evitar.
- ¿Qué tipo de vida lleva Vd.?

1 Expresarse

¿Cómo se expresan en el texto las siguientes ideas?

a. en el centro de la plaza
b. todas las noches
c. El presidente Busch se quitó la vida.
d. Querían llegar a ser presidente.
e. Al minero se le tiene miedo.
f. Los soldados no quieren ir a la mina.
g. Dar un paseo por allí puede significar la muerte.
h. Cada vez que el Ejército entra, hay heridos y muertos.
i. Le gusta al minero que se vea su habilidad en manejar la dinamita.
j. Hay mineros que encuentran su vida absurda.
k. un hombre que parece tener 60 años
l. Aunque tienen una vida muy dura, los mineros son envidiados.

m. La revolución de 1952 consiguió que los campesinos llegaran a ser pequeños propietarios agrícolas.
n. Los campesinos pueden conseguir que no entren alimentos en las ciudades.
o. Bolivia podría convertirse en un país lleno de bienestar.

2 Expresarse

Haga Vd. un resumen del texto, contando o escribiendo con pocas palabras lo más esencial de cada párrafo:

«Muchos presidentes de Bolivia murieron de forma violenta. Algunos fueron . . .»

A lo mejor le resulta más fácil este ejercicio si primero apunta las ideas sólo con algunas palabras claves:

presidentes murieron – forma violenta
un presidente – pegarse un tiro

3 *Opinar*

¿Qué diría Vd.?

- ¿Qué es lo que más le sorprende al leer este texto?
- ¿Qué es lo que más le horroriza al leer este texto?
- De todo lo que se ha enterado por este texto, ¿qué le gusta más?
- ¿Depende todo su país de una industria?
- ¿De qué manera se organizan los trabajadores en su país?
- ¿Hay choques violentos entre los obreros y la policía o el ejército en su país?
- ¿Duran poco tiempo los jefes de gobierno en su país?
- ¿Cómo son las huelgas en su país? ¿Se bloquean por ejemplo las carreteras?
- ¿Qué importancia tiene la industria minera en su país?

4 *Comprender*

Escuche una conversación con una boliviana, Diana.

- ¿De dónde es Diana?
- ¿Está su ciudad cerca de La Paz?
- ¿Cuántas veces va a Bolivia? ¿Por qué?
- ¿Qué fuentes de información tiene?
- ¿Cómo ve la situación económica de su país?
- ¿Cuál es, según ella, el mayor problema?
- ¿Es el problema de la droga igual en Bolivia que en Europa?
- ¿Quién utiliza la coca en Bolivia?
- ¿Por qué es diferente la droga para los campesinos bolivianos (y de otros países andinos)?
- ¿Para qué la utilizan?
- ¿Cuántos idiomas hay fundamentalmente en Bolivia?
- ¿Habla la mayoría de la población el castellano?

Plantación de coca en Bolivia

unidad 17

79 Monarquía, democracia, autonomías

Fíjese en estas estructuras gramaticales:

1. Don Juan Carlos **es nombrado rey** de España. Gr. 8.2
   Se forma el primer gobierno de la monarquía. **Se celebran** elecciones. Gr. 8, 8.1

1 *Opinar*

- España es una de las pocas monarquías que quedan en Europa. ¿Qué le preguntaría Vd. a un español para saber un poco más sobre el papel del rey?
  ¿Qué le diría para indicarle que Vd. está contento (o no) de que su propio país (no) sea una monarquía.
- Parece que la familia real tiene muchas simpatías en el pueblo español.
  ¿A qué cree Vd. que se debe?
- ¿En qué se parece el Congreso español elegido en 1977 al parlamento de su país?
  ¿Qué diferencias hay en su composición?
- ¿Qué gobierno tiene España actualmente?
  ¿Cuáles cree Vd. que son sus problemas principales?

2 *Discutir*

A explica por qué le gustaría ser rey (o reina) de España, B explica por qué no le gustaría serlo.
C da también su opinión.
Intente identificarse, en la discusión, con A, B o C.

3 *Comprender*

Imagínese que Vd. le hace esta pregunta a un amigo español:

– *Si te preguntan cosas sobre España, ¿hay preguntas que a ti te molestarían?*

Escuche en la cinta lo que le dice.
- ¿Qué tipo de pregunta (y qué tipo de persona que pregunta) le molesta?
- Parece que habla de un tipo de pregunta que en realidad no es ninguna pregunta.
  ¿Ha entendido Vd. lo que quiere decir?
- ¿Cuándo no molesta una pregunta?

80 Los hijos de los vencidos

Fíjese en estas estructuras gramaticales:

1. **Podíamos haber hecho** más por ella. Gr. 5.3
   (Hubiéramos podido hacer más por ella).
2. **Los que** han hecho posible estas cosas . . .
   El expresó **lo que** todos sentíamos. Gr. 23.1

Fíjese también en estas expresiones:

- Todavía no me he recuperado (del susto, de la enfermedad, etc.)
- He tenido que tragarme muchas cosas.
- Podías haber hecho algo por ella.
  Debías haber hecho algo por ella.
- . . ., o mejor dicho . . .

1 Comprender

¿Es esto lo que quiere decir el texto?

a. La autora perdió a su madre cuando ella misma estaba detenida.
b. Un amigo de ella habla de acontecimientos tristes de la posguerra.
c. Habla de mujeres que sufrieron por motivos políticos.
d. No niega que el régimen de Franco tuviera cierta categoría.
e. Dice que al final de la guerra civil hubo cosas bastante positivas.
f. Dice que era como si la madre de la autora hubiese muerto mucho antes.
g. Dice que la mataron.
h. Dice que hay que seguir protestando contra los responsables.

2 Gramática

el que, la que, los que, las que, lo que

a. Lidia Falcón es una de ________________ en el franquismo sufrieron, según dice, por ser de izquierdas y, además de eso, por ser mujer.
b. ________________ mejor comprendía su tragedia era un amigo de la familia.
c. ________________ le dio a ese amigo la noticia de la muerte fue ella misma.
d. El expresó en una carta ________________ todos sentían. «Tu madre – escribe –
e. es una de ________________ han sido víctimas de los tristes años de la posguerra. Hay que protestar
f. contra ________________ han hecho posible que ocurriera todo aquello.»

3 *Opinar*

¿Qué diría Vd.?

- Si la autora hablara con Fernando Vizcaíno Casas (v. texto 81), ¿qué dirían probablemente?
- En su país, seguro que también hay personas que juzgan o han vivido de forma completamente diferente la misma época. ¿Puede dar algún ejemplo?

4 Gramática

Diga si las cosas siguientes le parecen normales, raras o de mala educación. Ejemplo:

Su mejor amigo estuvo una semana en París y no escribió ni una sola vez.

– *Por lo menos podía haber escrito una vez . . .*
– *Bueno, no tiene nada de particular que no haya escrito . . . (Me parece normal que . . .)*

a. Estuvo invitado en casa de una familia y no les dio las gracias después.

b. Llegó a casa de unos amigos míos a las dos de la noche sin llamar antes por teléfono.

c. Sabía que su tía estaba en el hospital y no se tomó la molestia de visitarla ni una sola vez.

d. Tomó prestado el coche de un amigo, tuvo un accidente con él y luego ni siquiera le ofreció pagar la reparación.

e. Otro amigo le dejó un libro para tres días, porque lo necesitaba él mismo, y se quedó con él quince días sin preguntar ni siquiera . . .

81 Hijos de papá

Fíjese en estas estructuras gramaticales:

1. No participamos en la guerra, **por lo cual** perdimos la posibilidad de presumir después. – una estupenda generación, gracias **a la cual** . . . – las razones **por las cuales** ellos gozan de una libertad absoluta . . . Gr. 23.1
2. **como si quisieran borrar** todo lo que nosotros hicimos Gr. 16.6

Fíjese además en estas expresiones:

- No participé activamente en la guerra.
- Ni siquiera tenemos un nombre especial.
- A esto se le ha llamado «. . .».
- Para colmo, nos han llamado . . . ¡Es el colmo!
- Les da vergüenza ser nuestros hijos.

1 Comprender

¿Es esto lo que quiere decir el texto?

a. Dice el autor que los que tienen ahora su edad pertenecen a una generación feliz.
b. Su generación no luchó en la guerra.
c. Vivieron, de niños, una época triste y pobre.
d. Esta generación se puede comparar con otras famosas generaciones.
e. Es la que construyó una España nueva y rica.
f. Dice el autor que todo fue posible porque después de la guerra todos trabajaron en común.
g. Dice que hoy día es difícil imaginarse aquella época.
h. Dice que los hijos de esta generación no reconocen lo que hicieron sus padres.
i. Dice que los hijos tendrían que agradecerles a sus padres muchas cosas.

2 Gramática

que – el que – el cual – etc.

a. Fernando Vizcaíno Casas es el autor de la obra «Hijos de papá», en ________________ da su visión de la etapa que vivió después de la guerra civil. Dice entre otras cosas: No participamos activamente en la guerra,
b. por ________________ no podemos presumir de heroísmos. Yo hablo de mi gene-
c. ración, de ________________ se ha dicho que es una «generación sin nombre»,
d. ________________ me parece una falta de respeto . . . Yo personalmente pienso que somos una generación formidable, gra-
e. cias a ________________ este país ha alcanzado el nivel de vida que ahora tiene. Hemos cumplido con una tarea para
f. toda la sociedad, a ________________ entregamos nuestra juventud, y lo hicimos
g. en unos momentos ________________ ahora, a distancia, son difíciles de comprender. Los jóvenes de hoy no quieren recono-
h. cer todo ________________ nosotros hicimos. No les gusta pensar en nuestro
i. trabajo por ________________ ellos ahora pueden disfrutar del bienestar que nosotros no teníamos de jóvenes . . .

3 Vocabulario

Busque Vd. las palabras correspondientes.

a. paso sobre un río
b. lo contrario de sentirse orgulloso
c. mala suerte
d. condición del que puede hacer lo que quiera
e. libro o libros de un autor
f. contrario de alegría
g. alegría, optimismo respecto al futuro
h. lo contrario de «incluso»
i. lo que hay entre dos puntos
j. disminuir la velocidad
k. los años que tiene uno

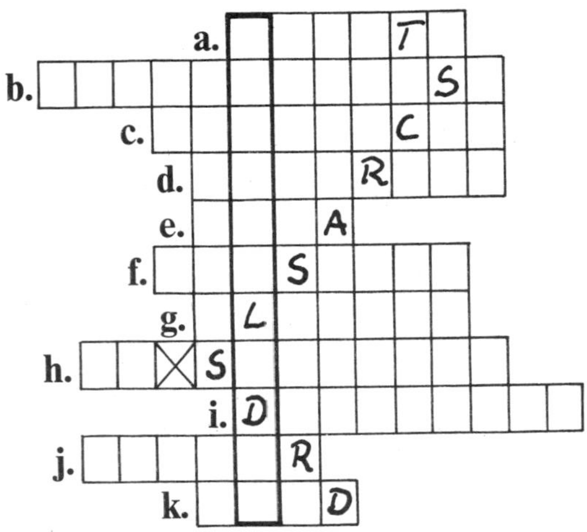

4 Gramática

Complete las frases:

a. Hay gente que no participó activamente en la guerra, pero que habla como si ______ ______

b. Vizcaíno casas dice que sufrió mucho de niño, pero luego recuerda esa época como una época feliz, como si no ______ ______ nada.

c. Su generación tiene varios nombres, pero en realidad es como si ______ ______ ninguno.

d. Su generación ha hecho mucho, pero las nuevas generaciones no la respetan, como si ______ nada por ellas.

e. Las nuevas generaciones no deberían olvidar lo que sus padres hicieron, pero es como si ______

f. No tienen motivo de avergonzarse de sus padres, pero a veces hablan como si ______ ______ de ellos.

5 *Opinar*

¿Qué diría Vd.?

- ¿Qué significa (o significaba) para Vd. el tener 20 ó 25 años?
  ¿Y qué significa (o cree que significará) el tener 50 años?
- La persona que vivió una guerra, ¿cree Vd. que tiene una mentalidad diferente de la persona que no la vivió?
- Cada generación tiene sus propias experiencias, también su visión propia del mundo y de la vida.
  ¿Puede Vd. definir algunas características de su generación? Hágalo también por escrito.
  ¿Cuáles son o han sido los ideales, las esperanzas, las ilusiones o desilusiones de su generación?
- ¿En qué comprende Vd. y en qué no puede comprender Vd. a otras generaciones, sean de más edad o de menos edad que Vd.?

6 Gramática

Conteste Vd. o continúe la idea libremente.

- No me gusta cómo hablan ciertas personas de la guerra. Hablan como si ...
- Mira a esos niños, cómo juegan. Es como si ...
- ¡Qué puesta de sol más maravillosa! Es como si ...
- ¡Mira cómo van conduciendo por la carretera! Como si ...
- Mi hermana, cuando está leyendo un libro, le puedes hacer una pregunta, y nada. No reacciona. Es como si ...
- Cuando mi hermano llega a casa, lo primero que hace es poner la televisión. Como si ...
- ...

7 *Discutir*

Intente Vd. identificarse con uno de los papeles A, B o C:
El hijo, A, cree que su padre trabaja demasiado, sin necesidad absoluta, y que tiene muy poco tiempo para otras cosas, sobre todo la familia. Está convencido de que se notan bastante las consecuencias.
El padre, B, intenta explicar o justificar lo que hace.
La madre u otra persona de la familia, C, también da su opinión.

82 Antonio Mingote

Fíjese en esta estructura gramatical:

1. **Mientras haya personas que vean** el trabajo del humorista . . . Gr. 16.8

Fíjese, además, en estas expresiones:

- Nos hemos puesto de acuerdo (en esto).
- Supongo que . . .
- En esto estamos conformes.
- hacer chistes/contar un chiste
- Me niego absolutamente a hacer esto.
- A veces reflexiono sobre estas cosas.
- Yo lo veo a mi manera.
- pegarle cuatro tiros a uno
- en estas circunstancias
- Me tengo que esforzar mucho.
- Me eché a llorar.

1 Comprender

¿Es esto lo que quiere decir el texto?

a. Hablando del humor, Mingote se pregunta qué es lo que ha cambiado.
b. Los españoles han conseguido una situación política que durante mucho tiempo estaban deseando.
c. Los españoles de diferentes ideologías están ahora de acuerdo respecto a importantes cuestiones.
d. Los humoristas tienen ahora completa libertad de hacer chistes sobre lo que quieran.
e. A Mingote siempre le han gustado los chistes de suegras.
f. Parte del público reacciona muy mal.
g. El trabajo del humorista es un trabajo intelectual.
h. A veces, Mingote está pensando en dejar su trabajo porque está desesperado.

2 Gramática

Imagínese que Vd. es redactor/redactora de una revista y está hablando con el humorista que cada semana dibuja los chistes. Vd. tiene una serie de ideas, pero hay que ir con cuidado. Ejemplo:

– *Haga un chiste sobre el ministro X., pero uno que (no ofender al gobierno entero)*
. . .pero uno que no ofenda al gobierno entero.

Haga Vd. un chiste sobre . . .

a. la ministro de cultura, pero uno que (no meterse con las mujeres en general)
b. la televisión, pero uno que (no decir abiertamente que son unos idiotas)
c. las corridas, pero uno que (no dar a entender que le parecen una brutalidad)
d. el fútbol, pero uno que (no reírse de él como de un gran negocio)

3 Gramática

¿Qué frases se combinan?

Supongo que	este chiste no te gusta.
Me temo que	este chiste no te guste.
No comprendo por qué	
No me dirás que	
Tengo la impresión de que	
Me imagino que	
Ya sé que	
No me importa que	
Me parece normal que	
No creo que . . .	
Espero que . . .	

(Si quiere, puede ampliar la lista: Estoy seguro de que . . ., Encuentro un poco raro que . . ., No comprendo que . . .).

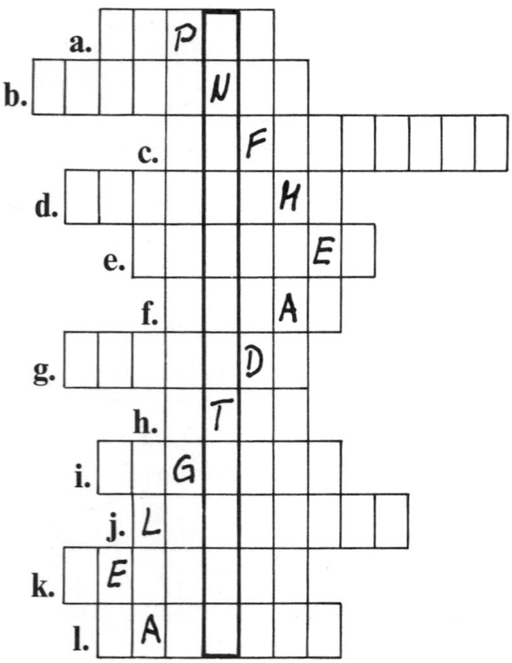

4 Vocabulario

Las palabras buscadas salen en el texto.

a. instrumento para escribir
b. muy fuerte, casi brutal
c. si uno quiere conseguir algo, vale la pena hacerlo
d. palabra que puede Vd. decir cuando está de acuerdo
e. creer, pensar (pero no saber)
f. lo que hace uno a veces cuando está muy triste
g. existe cuando se llega a tener la misma opinión
h. se dice de la cosa que sirve
i. decir decididamente que uno no quiere
j. estado sin limitaciones ni fronteras
k. dar sin pedir nada en cambio
l. las habitaciones suelen tener cuatro

5 Gramática

Si Vd. fuera humorista, a lo mejor sus amigos le dirían que les parece increíble cómo inventa Vd. cada día un chiste crítico. Contésteles, completando esta frase por lo menos en seis versiones:

– *Mientras haya ________________,*
no habrá peligro de que se me acaben las ideas/los temas.

6 Opinar

- ¿Qué es para Vd. una persona chistosa?
- Cuando Vd. mira un periódico o una revista de su país, suele comprender muy bien los chistes. ¿Por qué no es así cuando mira una revista extranjera?
- En su país, ¿qué tipo de caricaturas y chistes le gustan más? Escoja un ejemplo o dos y explíquele a un amigo español el chiste . . .
- ¿Sabe Vd. contar algunos chistes?
- ¿Hay chistes que no le gustan o que le molestan?

83 Los «tacos»

1 Comprender

¿Es esto lo que quiere decir el texto?

a. La manera de hablar ha cambiado bastante porque se usan nuevas palabras.
b. El que usa «palabras feas» no piensa en lo que significan. (Muchas veces tienen que ver con el sexo).
c. Los diccionarios españoles han mencionado siempre todas esas palabras.
d. Hay un diccionario que las estudia especialmente.

2 Discutir

La persona A usa de vez en cuando unos «tacos» en su idioma, sin darle la menor importancia. Le parece lo más normal del mundo.
B no diría nunca estas palabras, le parecen vulgares, y explica cómo reacciona cuando otros las usan.
C también da su opinión.

Intente Vd. identificarse, en la conversación, con A, B o C.

84 El disputado voto del señor Cayo

Fíjese en estas estructuras gramaticales:

1. Pasan meses **sin que oiga** usted una voz humana. Gr. 16.5
2. Si se hunde el mundo, usted **ni se entera.** Gr. 27
   Vd. **no** lee, **ni** oye la radio, **ni** ve la televisión.
3. Debe votar el partido **que más le convenza.**
   Vamos a hacer con el país **lo que nos parezca razonable.**
   Vamos a hacer **algo que funcione.** Gr. 16.7
4. reír, sonreír: **ríe/sonríe,** reía/sonreía, **rio/sonrió** Gr. 1.5

Fíjese, además, en estas expresiones:

- Tener calor/tener frío.
- Pasan meses sin que pase nada.
- Trabajo no falta.
- Tal como Vd. dice, . . .
- ¿Qué quiere que le haga yo si . . .?
- Yo no me enteré (de nada).
- Bueno, es una manera de decir . . .
- No corre prisa. ¿Qué prisa corre?
- Mire, para decir la verdad, . . .
- No me queda más remedio.
- Se echó a reír.

1 Comprender

¿Es esto lo que quiere decir el texto?

pág. 126

a. El señor Cayo les ofreció algo de beber.
b. Parece que los jóvenes se habían mojado.
c. El señor Cayo echa de menos la televisión.
d. Se enfada porque dicen que no sabe en qué mundo vive.
e. Cada quince días pasa M. por el pueblo.

pág. 127

f. El señor Cayo no se aburre en invierno.
g. Víctor quiere decir algunas cosas de una manera indirecta.

pág. 128

h. El señor Cayo no cree que sea importante enterarse de todo lo antes posible.
i. El señor Cayo confirma que se ha pasado de la dictadura a la democracia.
j. Estuvo contento de que hubiera muerto Franco.
k. Ya sabe qué partido va a votar.
l. Rafa le explica el programa de su partido.
m. El señor Cayo reconoce que ese programa defiende sus intereses.

n. Lo que necesita él se lo promete el programa.
o. Rafa explica sus ideas sobre la democracia.
p. Víctor le dice que deje de discutir porque no tiene sentido.

2 Comprender

Preguntas sobre el texto

- ¿Qué hace el Sr. Cayo para que los jóvenes se sientan a gusto en su casa?
- ¿Qué les extraña a los jóvenes?
- ¿Con cuántas personas está en contacto el Sr. Cayo?
- ¿Sufre el Sr. Cayo de su soledad?
- ¿Le dio un susto cuando se enteró de la muerte de Franco?
- ¿Tiene opiniones sobre la política?
- ¿Cómo le intenta explicar Rafa lo que ha cambiado?
- ¿Cómo intenta Rafa convencerle para que vote su partido?
- ¿Por qué no le interesa al Sr. Cayo lo que ofrece el partido de Rafa?
- ¿Qué es lo que cree el Sr. Cayo que necesita?
- ¿Cuáles son los últimos argumentos de Rafa para convencerle?
- ¿Por qué corta la conversación Víctor?

3 Gramática

Complete las frases. (Repaso sistemático.)

a. El señor Cayo los recibió muy amable y les (servir) ________________ un vino muy rico de la región.
b. No se podían creer que no tuviera ni radio ni televisión, pero les (repetir) ________________ que no las echaba de menos.
c. Cuando le dijeron que él no sabía en qué mundo vivía, les (sonreír) ________________ sin decir nada.
d. Laly le (pedir) ________________ su opinión sobre la muerte de Franco.
e. Cuando el señor Cayo citó una frase de tiempos de Franco – «ya no andar con rencores» – Rafa (reírse) ________________ como un desesperado.
f. Rafa intentó convencerle para que (elegir) ________________ su partido.
g. No lo (conseguir) ________________ porque el señor Cayo no se consideraba pobre.
h. Víctor quería impedir que Rafa (seguir) ________________ hablando, pero no
i. (conseguir) ________________ pararle.
j. Los jóvenes (despedirse) ________________ sin saber si habían conseguido un voto más . . .

A veces se cuentan cosas pasadas como si fueran presentes:
El señor Cayo les recibe muy amable y . . .

4 Gramática

Otra crónica de la visita de los jóvenes políticos en casa del señor Cayo:

Los jóvenes empezaron a discutir con el señor Cayo.

a. Rafa (referirse) ________________ al cambio político para demostrarle lo importante que era la televisión.
b. Le (herir) ________________ un poco en su amor propio pensando que él no sabía nada de nada.
c. Pero el señor Cayo (divertirse) ________________ bastante con los jóvenes que se creían tan listos.
d. Cuando habló Rafa, la conversación (convertirse) ________________ en poco menos que un mitin político.
e. Rafa le (advertir) ________________ al señor Cayo que en la democracia había que participar.
f. Al final, los jóvenes (sentir) ________________ haber venido porque no habían conseguido nada ...

Cuéntelo también como si fuera una cosa presente: *Los jóvenes empiezan a discutir ...*

5 Gramática

Complete las frases:

a. El pantalón de Víctor no se hubiera secado sin que el señor Cayo ...
b. Pasan muchas cosas en el mundo sin que el señor Cayo ...
c. Los jóvenes creen que pasan meses sin que el señor Cayo ...
d. Piensan que muy bien podría hundirse el mundo sin que el señor Cayo ...
e. No quieren que el señor Cayo vote sin que ellos ...
f. El señor Cayo les escuchaba sin que sus palabras ...

6 *Discutir*

La persona A dice que en las próximas elecciones no piensa votar, explicando por qué.
B intenta convencerle de que es su deber democrático votar.
C escucha, toma notas e informa después al grupo sobre la discusión entre A y B.
A y B protestan si C no interpreta correctamente lo que han dicho.
Intente Vd. identificarse con A o B, o tome las notas para resumir después los argumentos de éstos.

7 *Expresarse*

Haga Vd. el programa (utópico y divertido, si quiere), de un nuevo partido político que va a organizar Vd. Diga todo lo que pide su partido y lo que va a conseguir sin duda si la gente lo vota.

¿Qué texto pondrá Vd. en los carteles de propaganda de su partido?

8 *Discutir*

La persona A no declara correctamente todo lo que gana, para pagar menos impuestos.
B, en cambio, opina que no hay que engañar al Estado.
Intente Vd. identificarse con A o con B explicando sus razones.

unidad 18

85 Cuba

Fíjese en estas estructuras gramaticales:

1. el **primer** viaje, el **tercer** viaje — Gr. 19.3
2. La conquista **fue dirigida por** Diego Velázquez.
   La resistencia **fue pronto dominada.** — Gr. 8.2
3. Dirigió la conquista Diego Velázquez, **al que** acompañó Hernán Cortés. — Gr. 23.1

1 Vocabulario

Explique lo que significa en estas frases «reconocer» o «conocer».

a. Yo conozco a Fernando desde hace cinco años.
b. Cuando nos encontramos en Cuba casi no le reconocí.
c. Fernando ha tenido mucho éxito, pero reconozco que trabajó muchísimo.
d. El año pasado también conocí a su hermana.
e. Reconozco que ella es más simpática que la mía.

2 Gramática

que/quien – el que/el cual – lo que/lo cual etc.

a. Cristóbal Colón, ________________ ya en su primer viaje reconoció las costas de Cuba, volvió más tarde de nuevo a la isla.
b. Lo importante parecía de momento la búsqueda de oro en Santo Domingo, por ________________ no se inició la conquista de Cuba hasta 1511.
c. En 1511 cesó la búsqueda de oro en Santo Domingo, ________________ hizo posible una nueva conquista.
d. La conquista de Cuba la organizó Diego Velázquez, ________________ más en adelante sería gobernador de Cuba.
e. Velázquez, ________________ acompañaban algunos hombres que serían muy famosos más tarde, tenía 300 soldados.
f. Los indios tenían poca resistencia física a las enfermedades europeas, por ________________ muchos murieron muy pronto.
g. Los españoles habían establecido un sistema de trabajos forzados, para ________________ necesitaban más hombres.
h. ________________ los españoles hacían en Cuba con los negros, lo hacían los ingleses en el sur de Norteamérica.

86 Rito de Sikan y Ekué

Fíjese en estas estructuras gramaticales:

1. **Para que su padre le creyera** persiguió al sagrado Ekué. Gr. 16.9
2. (No **sabían** que habían hecho huir a Ekué). Lo **supieron** por los árboles. (Se lo dijeron los árboles). Gr. 14.2
3. **vino – dijo – trajo – supo – hizo** Gr. 6.2
   murió – persiguió Gr. 6.1

Fíjese también en estas expresiones:

- ¿Qué quiere decir esto?
  ¿Qué significa?
- unos cuantos hombres
  unas cuantas horas
- No me venga Vd. con cuentos.
- Yo no estoy hecho para este trabajo.
- Lo supe ayer. Me enteré ayer.
- Pagó con su vida.
  Le costó la vida.
- Me muero de vergüenza (de sed, etc.)

1 *Comprender*

Preguntas sobre el texto

- ¿Cómo se llamaba el ser sagrado?
- ¿Cómo se llamaba la mujer?
- ¿Cómo era la mujer?
- ¿Cómo descubrió Sikan a Ekué?
- ¿A quién se lo dijo?
- ¿Cómo reaccionó él? ¿Por qué?
- ¿Por qué persiguió Sikan a Ekué?
- ¿Qué hizo cuando le alcanzó?
- ¿Tenían los hombres de Efó contacto con Ekué?
- ¿Cómo se enteraron del crimen?
- ¿Qué le pasó a Sikan y por qué murió Ekué?
- ¿Cómo sigue viva esta leyenda?

2 Gramática

Complete Vd. estas frases según el contenido del texto sobre Sikan y Ekué.

a. Ekué vivía en un río para que . . .
b. El texto nos explica el nombre de Sikan para que . . .
c. El padre no le creyó a Sikan porque . . .
d. Sikan quiso atrapar a Ekué para que . . .
e. Los árboles contaron a los hombres lo que había ocurrido para que . . .
f. Ekué murió porque . . .
g. El tambor «seseribo» se adorna lindo con flores para que . . .
h. Este tambor es tabú y nadie lo toca para que no . . . porque su castigo es no hablar.

3 *Opinar*

¿Qué diría Vd.?

El texto pertenece a la magia afrocubana. Si lo comparamos con antiguos cuentos tradicionales de nuestro pueblo, ¿qué diferencias fundamentales encontramos?

4 Gramática

Cuente Vd. algo de su amigo que *ayer llegó* a su casa de visita.

a. (venir) ________________ a mi casa por la mañana.
b. (traerme) ________________ una serie de cosas que le había pedido.
c. (tener) ________________ suerte en el vuelo porque no había reservado a tiempo y el avión iba lleno.
d. Sólo en el último momento (saber) ________________ que había una plaza para él.
e. (ser) ________________ su primer viaje en avión.
f. (sentir) ________________ que no durara más porque le gustó mucho.
g. En el avión conoció a algunos ingleses que luego (seguir) ________________ el viaje a Inglaterra.

5 Gramática

Conteste Vd. libremente estas preguntas (pero utilizando en lo posible frases con «para que . . .»).

a. ¿Por qué han mandado a su compañero de trabajo por seis meses a España?
b. ¿Por qué mandaron sus vecinos a su hijo a Francia durante las vacaciones?
c. ¿Por qué le llamó hace poco su hijo a las dos de la noche?
d. ¿Por qué les ha mandado Vd. un telegrama a los señores de Polo?
e. ¿Por qué gastan los partidos políticos tanto dinero en las campañas electorales?
f. ¿Por qué les cuenta Vd. cada noche a los niños un cuento cuando se acuestan?
g. ¿Por qué quería Sikan alcanzar al sagrado Ekué?

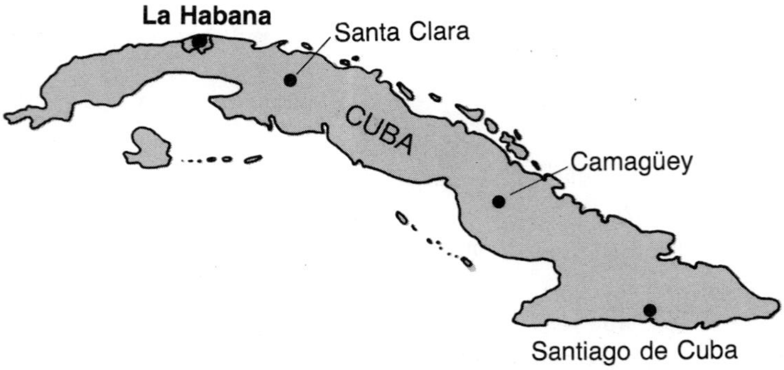

87 Búsqueda de identidad

Fíjese en estas estructuras gramaticales:

1. El negro tiene que buscar **los factores que le permitan** establecer su identidad. — Gr. 16.7
2. **Siendo la religión** un poderoso factor, . . .
   (Como la religión es un poderoso factor, . . .) — Gr. 12.2
3. Sacan la religión de su ámbito secreto, **repitiendo** sus palabras mágicas. – repetir: repitiendo — Gr. 2.1
4. El poeta Nicolás Guillén **aconseja** al negro **que reclame y pida** lo que es suyo. — Gr. 16.1
5. Coge tu pan. **No lo pidas.** — Gr. 4
6. **Aunque te den** el pan, es poco. — Gr. 16.8

Fíjese también en estas expresiones:

- Han dado a conocer su decisión.
- Me voy a quejar de esta injusticia.
- ¿De qué se queja Vd.?
- No puedo quejarme.

1 *Comprender*

Preguntas sobre el texto

Exprese Vd. con sus propias palabras las ideas principales de la poesía de Nicolás Guillén.

2 *Opinar*

¿Qué diría Vd.?

- ¿Sabe Vd. algo de la situación social de los campesinos en siglos pasados?
- Nicolás Guillén le dice al negro que coja su pan, pero no lo pida por favor. ¿Qué hacen en nuestro país los obreros y los empleados? ¿Qué posibilidades tienen de conseguir mejores salarios y sueldos, etc.?

3 Gramática

Déles estos consejos

- a un amigo
- a unos amigos
- a una señora que no conoce bien

a. no enfrentarse con el director de forma violenta
b. buscar una solución diplomática, pero
c. no permitirle que te/os/le grite
d. reclamar su derecho
e. no contentarse con soluciones a medias
f. no aceptar un falso compromiso
g. decirle francamente lo que hay que decirle
h. poner las cartas sobre la mesa

4 Gramática

Den Vds. algunos consejos (por lo menos 5) a un español que quiere visitar por primera vez la región donde viven Vds.

- Le aconsejo que . . .
- No le aconsejo que . . .
- Le advierto que no . . .

88 La señora Condesa

Fíjese en estas estructuras gramaticales:

1. **Está** invitado **desde hace** días.
   Estaba invitado **desde hacía** días. Gr. 15
2. A él **se debía que se retirara/que se hubiese retirado la policía.** Gr. 16.9
3. Vete **adonde sea.**
   Que le lleven una botella **de lo que quiera.**
   Que le lleven **de cuanto/de todo lo que se coma abajo.** Gr. 16.7
4. irse: **vete** Gr. 4.1

Fíjese también en estas expresiones:

- Quiero hablarle un momento.
- Ahora mismo.
- Has hecho bien en no decir nada.
- No estoy acostumbrado a estas cosas.
- ¿De qué se trata?
- ¿Quién se atreve a decírselo?
- ¿En qué ha quedado la cosa?
- Iré a buscarlo mañana, si quiere.
  Vendrán a buscarme.
- No quiero verle más.
- No puedo permitirme el lujo de perder esta ocasión.
- Gracias a él no ha pasado nada grave.
- (Vete a hacer puñetas).

1 *Comprender*

Preguntas sobre el texto

- Se nota en muchos detalles que se trata de una familia aristocrática y rica. Dé ejemplos.
- ¿Por qué usaba la tía tantos tacos?
- ¿Qué estaba haciendo la tía cuando volvío Enrique del viaje?
- ¿Era la primera vez que la tía se enfadaba tanto?
- ¿Por qué era un día muy especial?
- ¿Qué había pasado aquel día?
- ¿Por qué nó estudiaba Enrique en alguna universidad elegante, en el extranjero?
- ¿Por qué tenía que salir del país?
- ¿Qué se iba a decir a la gente?
- ¿Qué iba a pasar en realidad?
- ¿Le dejarían sin comida a Enrique aquella noche?
- ¿Le odiaba la tía?

2 Gramática

Vd. está invitado a la fiesta de la señora condesa. Estas son sus impresiones y las observaciones que hace:

a. La condesa está fenomenal con su traje.
b. Pero parece bastante nerviosa.
c. Hay muchísimos invitados, «la flor y nata» de la sociedad.
d. En toda la ciudad se habla desde hace días de esta fiesta.
e. Me extraña un poco que no haya visto todavía a Enrique.
f. Por cierto, me han dicho algunos que Enrique tiene amigos comunistas . . .
g. Claro, es un poco raro que este chico no quiera estudiar en Yale, como otros de buena familia . . .
h. He preguntado a Venancio, y me ha dicho que Enrique está de viaje, por México.
i. Y eso que ayer me habían dicho que estaba en Santiago de Cuba, con los Bacardí . . .
j. El champán es excelente. ¿Pero qué es eso? ¿No he visto a Enrique en una de las ventanas del primer piso? Con un vaso en la mano . . .
k. Me parece que aquí hay gato encerrado.
l. Llega el general Machado.
m. La condesa parece más nerviosa que nunca.
n. (Siga Vd. observando y contando . . .).

Cuéntelo todo a un amigo suyo, algunos días después.

3 Gramática

Imagínese que es Vd. periodista y tiene que ir esta noche a una gran recepción política sobre la que mañana tiene que escribir algo para su revista. Desde luego, lo que escribirá Vd. depende de muchas cosas que Vd. no puede saber de antemano, como por ejemplo de las fotos que va a hacer el fotógrafo. Así se lo explica Vd. a un amigo que le pregunta:

– No sé todavía lo que voy a escribir.
Depende un poco de las fotos que haga el fotógrafo.

Sígale explicando de qué depende lo que Vd. escribirá. Vd. no sabe todavía

a. lo que dirán los políticos
b. lo que habrá de comer
c. lo que a Vd. le parecerá interesante
d. el tipo de artículo que querrá publicar su jefe
e. los trajes que llevarán las señoras
f. las personas que podrá Vd. entrevistar personalmente

g. las informaciones que le darán sobre los invitados extranjeros
h. qué políticos hablarán más tiempo con otros
i. las fotos que hará el fotógrafo de la revista, que le acompañará.

4 *Opinar*

Expliquen Vds. qué suele interesarles más cuando van a una fiesta,
una invitación de varias personas, etc.
o cuando leen en una revista sobre fiestas, vacaciones de gente conocida, etc.

5 Expresarse

Cuente Vd.

a. algo que ha hecho Vd. hace un par de horas.
b. algo que hizo Vd. hace una semana.
c. algo que hizo Vd. o algo que le pasó hace un mes, más o menos.
d. algo que hizo Vd. o que le pasó hace unos años.
e. algo que ya no hace Vd., pero lo hacía hace unos años.
f. algo que hace Vd. desde hace poco tiempo.
g. algo que hace Vd. desde hace varios meses o años.

6 *Discutir*

Imagínense (en grupitos de 3 personas) que quieren preparar una invitación para

- 3 otras personas del curso (de modo que serán 6 del curso, en total)
- 2 jóvenes españolas
- un estudiante peruano y uno norteamericano
- un señor del Cairo (mahometano) que trabaja en las líneas aéreas de Egipto
- un representante japonés (que Vds. no saben para qué empresa trabaja).

Discutan lo que les pueden ofrecer de comer y de beber pensando en posibles problemas, y en qué orden se sentarán alrededor de la gran mesa que pondrán en el jardín que tiene uno de Vds.
Expliquen luego al grupo las decisiones que han tomado.

7 Gramática

Imagínese Vd. a una madre nerviosa hablando con su hijo mientras prepara una fiesta. ¿Qué le dice? Quiere . . .

a. que venga a la cocina
b. que tenga cuidado con los vasos que están en la mesa
c. que diga, si llama alguien por teléfono, que ella no está
d. que deje de hacer tonterías porque la está poniendo nerviosa
e. que no ponga esa cara
f. que se ponga un jersey limpio
g. que haga el favor de no comerse los pasteles
h. que salga al balcón a buscar las botellas
i. que vaya llevando las cosas al comedor.

8 Gramática

Vd. está de compras con una amiga y habla con ella. Escoja en cada frase la forma correcta.

a. Yo sé lo que (quiero comprar/quiera comprar).

b. Creo que lo tienen en varias tiendas. Lo compraré donde más barato (lo tienen/lo tengan).
c. Este vestido no te va. Búscate otro que (te va/te vaya) mejor.
d. Vente a otra tienda. Allí he visto uno que seguramente (te va/te vaya) a ir muy bien.
e. Estas blusas italianas me parecen muy bonitas. Claro, depende un poco del precio que (te hacen/te hagan).
f. Bueno, ya tengo lo que (necesito/necesite) de momento.
g. Ahora tú dirás. Podemos hacer lo que tú (quieres/quieras).

89 La experiencia cubana

Fíjese en estas estructuras gramaticales:

1. **nadie que no sea un idiota**
   No puede haber **una sociedad que realice** totalmente ambos ideales. Gr. 16.7
2. **Nadie** puede **negar** que Cuba **es** la sociedad que más igualdad tiene en toda América Latina.
   Esto **no puede querer decir que estemos condenados** a la injusticia. Gr. 16.3
3. Cuba es el país **en que es menor la diferencia** entre los que tienen más y los que tienen menos, **donde** la pobreza y la riqueza **están más repartidas, donde se ha hecho más** por superar el analfabetismo. Gr. 18.3
4. **¿Cómo explicarlo?** Gr. 13.2
5. Cuba **ha ido apartándose** del ideal de la libertad, **ha ido convirtiéndose** en un Estado donde **se han ido concentrando** todos los poderes . . . Gr. 12.1

Fíjese también en estas expresiones:

- No se puede negar/hay que admitir que es así.
- Ellos quieren irse, yo prefiero quedarme.
- Cuesta aceptarlo. Es difícil aceptarlo. Me cuesta mucho creerlo.
- Se trata de una realidad.
- Tienes que elegir, tienes que decidirte.
- No hay duda de que el progreso es considerable.
- ¿En qué consiste (para ti) la libertad?
- ¿Le sirve de algo? No me sirve para nada.
- Esto no quiere decir que no haya solución.
- Hay que renunciar a muchas cosas.

1 Comprender

Preguntas sobre el texto

- Según Vargas Llosa, ¿en qué Estado latinoamericano hay más igualdad?
- ¿Qué ha conseguido en ese sentido la Revolución cubana?
- ¿Qué parece entonces, a primera vista, inexplicable?
- El ideal absoluto de la igualdad y el ideal absoluto de la libertad, ¿se pueden combinar perfectamente, según Vargas Llosa?
- Según él, ¿se ha decidido Cuba por uno de los dos ideales, por encima de todo?
- ¿Critica Vargas Llosa esta decisión?
- ¿Qué consecuencia saca él de la experiencia cubana y el dilema que presenta?

2 Gramática

Escoja en cada frase la forma correcta.
Fíjese en si lo que se expresa se presenta en forma afirmativa o en forma negativa (o por lo menos con dudas).

a. Nadie puede decir que Cuba no (hay/haya) hecho grandes progresos.
b. No se puede negar que en ningún otro país latinoamericano (hay/haya) más igualdad.
c. Esto no quiere decir que otros países no (hacen/hagan) también esfuerzos (por ejemplo, para superar el analfabetismo).
d. No hay la menor duda de que en Cuba la medicina, los libros, etc. (están/estén) al alcance de todos.
e. Hay que reconocer que Cuba es el país donde (es/sea) menor la diferencia entre los que tienen más y los que tienen menos.
f. ¿Cree Vd. también que el ideal de la igualdad y el de la libertad no (pueden/puedan) combinarse perfectamente?

3 Opinar

¿Qué les parecen las siguientes opiniones sobre su país?

- Nuestro país es una sociedad donde todos somos iguales y tenemos las mismas oportunidades.
- En nuestro país no hay pobres.

- En nuestro país está garantizada la educación para todos.
- El servicio médico y los hospitales están bastante bien organizados.
- Desde hace mucho tiempo ya no hay analfabetos.
- Hay una vida cultural al alcance de todos.
- Hay mucha libertad en la vida privada de cada uno.
- En nuestro país prácticamente no hay graves injusticias.

4 *Expresarse*

Elija Vd. uno de los temas del ejercicio anterior y escriba un par de líneas sobre lo que le parece.

5 Gramática

Vargas Llosa, hablando de Cuba, se expresa con una serie de superlativos: Cuba es *el país en que es menor* la diferencia entre los que tienen más y los que tienen menos ...

Contesten Vds. a las siguientes preguntas, expresándose también en superlativos y dando razones.

- ¿En qué país/ciudad (no) le gustaría vivir?
- ¿Qué es lo que (no) le gusta de la comida española/francesa/alemana/inglesa/italiana?
- ¿Cuál es la situación de paro en los diferentes países europeos?
- ¿Qué tipo de coches se venden mucho/poco de momento?
- ¿En qué países (no) se hacen de momento películas interesantes?
- ¿De qué país vienen de momento buenos cantantes y grupos de músicos interesantes?

6 Gramática

En la empresa en que trabajan Vds. han robado en la noche pasada varios millones, una serie de máquinas carísimas y documentos muy importantes sobre aparatos recién inventados, etc. El jefe no volverá de un viaje antes de mediodía. Vds. son los primeros que han llegado en la mañana y discuten sobre lo que hay que hacer:

a. Como hay cosas secretas entre los documentos desaparecidos, no están de acuerdo sobre lo que pueden o deben decir a la policía.
b. Como no les ha ocurrido nunca antes esto, no saben qué tienen que hacer primero.
c. Tampoco saben exactamente cómo pueden evitar errores que luego a lo mejor hacen difícil o imposible encontrar a los criminales.
d. No saben si el jefe va a volver en tren o en avión, y quieren conseguir que venga inmediatamente a la empresa y no vaya a otro sitio.
e. Uno tiene la idea de darle a la policía una lista de los empleados sospechosos, explicando por qué lo son.
   Otros protestan.
f. No saben quién fue ayer el último que salió de la empresa. ¿Cómo pueden explicarle al jefe que esto quedó muy poco claro ayer ...?
g. ...

Uno que quiere organizarlo todo un poco hace primero una lista de los problemas:
«Hay que discutir todo lo que hay que hacer«.
El apunta:

¿Qué hacer?
a. ¿...?
b. ¿...?

90 Alternativas para nuestras Américas

Fíjese en estas estructuras gramaticales:

1. saber: **supimos** – hacer: **hice** — Gr. 6.2
2. Creo que Cuba no es un satélite.
   No creo que sea un satélite.
   No se puede creer que la clase obrera **esté** en el poder. — Gr. 16.3
3. No es culpa de la Unión Soviética, **sin cuya ayuda** no existiría hoy la revolución cubana. — Gr. 23.2
4. **Mientras** esta hostilidad **persista/continúe** . . .
   Mientras seguía escribiendo mis libros . . . — Gr. 16.8
5. **No** se podrá juzgar **sino** como un estado de emergencia.
   Sólo se podrá juzgar . . .
6. Tenemos que inventar (buscar, crear) soluciones nuestras **en las cuales se aprovechen** las soluciones que otros han logrado antes. — Gr. 16.7

Fíjese también en estas expresiones:

- Renuncié a hacer el viaje.
- Lo que yo hice fue . . .
- Yo trataba de hacer muchas cosas diferentes.
- Este asunto lo sigo con mucha atención.
  Lo sigo de cerca.
- En mi opinión, . . .
- No es por culpa de ellos.
  No es culpa de ellos.
- Esto ofrece buenas posibilidades.
- No me gusta hacerlo, pero me obligan a hacerlo.
  Me veo obligado a hacerlo.
- He tomado un poco de distancia frente a ellos.
- Nos hemos hecho muy amigos.

Alumnos cubanos: Cuba lucha contra el analfabetismo.

1 *Comprender*

Preguntas sobre el texto

- Los dos amigos que hablan, ¿trabajaron alguna vez en una empresa cubana?
- ¿Por qué dejaron los dos ese trabajo?
- ¿Dejó de interesarse entonces Gabriel García Márquez por el problema de Cuba?
- ¿Para qué ofrece Cuba buenas posibilidades, según García Márquez?
- ¿Cómo describe Plinio Apuleyo Mendoza la Unión Soviética?
- ¿Por qué dice García Márquez que no tiene sentido citar el ejemplo de la Unión Soviética?
- ¿Qué impresión personal tiene él de Fidel Castro?
- ¿Por qué, según él, lleva Cuba veinte años en estado de emergencia?
- ¿Cuándo tendrá sentido de nuevo discutir el caso?
- ¿Cómo explica García Márquez su actitud favorable hacia el régimen cubano?
- Plinio Apuleyo Mendoza duda que el socialismo sea la solución para los países latinoamericanos. ¿Qué visión tiene Gabriel García Márquez para el futuro de «las Américas»?

2 Gramática

Ponga la forma correcta de *cuyo.*

a. Gabriel García Márquez, ________________ amigo le hace las preguntas, habla de diferentes aspectos de Cuba.

b. Habla de una orientación difícil, pero ________________ posibilidades para un orden social más justo son muy buenas.

c. Su amigo se refiere a la Unión Soviética, ________________ modelo parece seguir Cuba, y a sus puntos débiles.
d. García Márquez contesta que Cuba está en una situación de emergencia, de la cual tienen la culpa los Estados Unidos, ________________ incomprensión no permite un modelo socialista en el Caribe.
e. Y defiende a la Unión Soviética, sin ________________ asistencia no existiría hoy la revolución cubana.
f. Gabriel García Márquez, ________________ amigos protestaron por la detención de un poeta cubano, no firmó el telegrama, sino que volvío a Cuba.
g. Habla de muchas alternativas de un socialismo americano, ________________ características no deberán ser una simple copia de las soluciones alcanzadas por otros países.

3 Gramática

Escoja la forma correcta en cada frase.

a. Mientras el partido (sigue/siga) controlando todo, Plinio no volverá a trabajar allí.
b. García Márquez trabaja cada día, y mientras (escribe/escriba) necesita tranquilidad absoluta.
c. Según Plinio, mientras Cuba (sigue/siga) el modelo soviético, será un régimen bastante discutible.
d. Según García Márquez, mientras la gente (cree/crea) que Cuba es un satélite soviético, es difícil discutir.
e. Mientras Cuba (se ve/se vea) obligada a vivir a la defensiva, vivirá como en estado de emergencia.
f. Mientras Cuba casi exclusivamente (producía/produjera) azúcar y el precio (se fijaba/se fijara) en Estados Unidos, Cuba dependía totalmente de ellos.
g. Hay muchos que creen en un modelo político único, mientras que García Márquez (cree/crea) que puede haber tantos modelos como hay países.

4 Expresarse

Conteste Vd. a las siguientes afirmaciones según le parezca.
Puede Vd. emplear estas expresiones:
Estoy seguro (de) que . . . Creo que . . .
No creo que . . . Dudo mucho que . . .
Si, pero esto no quiere decir que . . .

- Muchos cubanos que han salido del país volverán.
- Ya no querrán salir más cubanos.
- El nivel de vida en Cuba irá subiendo considerablemente.
- En los próximos veinte años habrá cada vez más revoluciones socialistas en América Latina.
- Habrá más comprensión entre Estados Unidos y Cuba, y se irá normalizando la situación.
- En el futuro, Cuba va a depender menos de otras naciones.

5 *Opinar*

- García Márquez y Vargas Llosa mencionan aspectos diferentes del régimen cubano. Compare Vd. la actitud de los dos, tal como se refleja en los dos textos (89 y 90).
- ¿Qué información tenemos nosotros de Cuba? ¿Es lo suficientemente amplia para juzgar «con conocimiento de causa» el régimen de Cuba?

unidad 19

91 Aspectos de Andalucía

Fíjese en estas estructuras gramaticales:

1. **Al acabar** la carrera quise hacerme diplomático. Gr. 13.1
2. **¿Por qué** no pudiste ser diplomático? – **Por** mi pronunciación. Gr. 25.1
3. **No es ninguna casualidad que** allí haya **nacido** el flamenco.
   Es una casualidad que yo **haya nacido** allí. Gr. 16.4
4. Es un pueblo muy viejo **por el que** han pasado muchas civilizaciones. Gr. 23.1
5. **Lo** iluminan **todo** maravillosamente. Gr. 20.3
6. **No hay quien lo pare.** Gr. 16.3
   No había quien lo parara. Gr. 16.9

Fíjese también en estas expresiones:

- Hice la carrera en Madrid.
- Se nota que soy extranjero. Se me nota.
- No es ninguna casualidad (que sea así).
- Recuerdo haberlo dicho.
  Me acuerdo de haberlo dicho.
- He llegado a la conlusión de que esto no puede seguir así.
- Me voy a referir a un caso concreto.
- Vamos a tomar una copa.
- Era como yo, le pasaba lo que (me pasa) a mí.
- No hay quien le pare cuando habla . . .
- Resulta que nos habían invitado.
- Me gusta lo que está diciendo usted.
- Tengo mucho gusto en invitarle.
- No se puede imaginar usted . . .

1 *Comprender*

Preguntas sobre el texto

- ¿Dónde nació Evaristo y dónde estudió?
- ¿Consiguió Evaristo ser lo que quería? ¿Por qué (no)?
- ¿En qué se nota, según él, que es andaluz?
- ¿Cómo dice que es Andalucía?
- ¿Qué mezcla cultural hay en Granada?
- ¿Por qué considera Evaristo la figura de don Juan andaluza?
- ¿Las procesiones de Semana Santa en Andalucía son todas más o menos iguales?
- ¿Qué tipo de persona se interesa en Andalucía por los problemas religiosos, según Evaristo?
- ¿Qué tenían en común Evaristo y su amigo Gerardo Rosales?
- ¿Por qué los invitaron una vez en un bar?

2 Vocabulario

Ponga Vd. la forma que se combina correctamente con el resto de la frase:

recuerdo/me acuerdo

a. ________________ de Sevilla.
b. ________________ haber visto la catedral de Sevilla.
c. ________________ a Evaristo, el abogado.
d. ________________ de un chico inglés que hablaba bien el español.
e. ________________ que tuve dificultades con la pronunciación del español.
f. ________________ de que me notaban el acento.
g. ________________ que le vi por casualidad.
h. ________________ de que en mi juventud me fascinaba Andalucía.
i. ________________ que llegué a la conclusión de que era mejor cambiar de profesión.

3 Gramática

Lea primero estas frases para estar seguro de si las entiende bien. (Incluso sería una buena idea traducirlas.)

a. Al llegar a casa leí primero el periódico.
b. Al llegar a casa siempre me ducho primero.
c. Al llegar a casa me ducharé inmediatamente.
d. No dijo nada al salir.
e. Al salir de casa suele decir adónde va.
f. No podrá trabajar inmediatamente al salir del hospital.

Cambie las expresiones «al llegar» o «al salir» por una de las siguientes:

- cuando llegue
- cuando llego
- cuando llegué
- cuando salió
- cuando salga
- cuando sale

4 Vocabulario

Tienen Vds. 5 minutos para apuntar cosas que se ven por la ciudad. Luego se compararán las listas de cada uno para ver quién tiene más, y se discutirá si se aceptan todas las palabras apuntadas.

5 Vocabulario

Tienen Vds. 5 minutos para apuntar palabras que definen cosas que no se pueden ver. Luego se compararán las listas de cada uno para ver quién tiene más. Se aceptarán sólo las palabras que el que las haya apuntado podrá explicar por una definición (o dando un buen ejemplo de cómo se puede emplear la palabra).

6 Gramática

Evaristo *no pudo* ser diplomático *porque tenía* un inglés fatal.

a. Yo no te (poder) llamar porque ya (ser) muy tarde.
b. Yo no te (decir) nada porque no (saber) qué decir.
c. Yo (hacer) el viaje porque me (interesar) el país.
d. Yo (ir) a Galicia porque (querer) ver Santiago de Compostela.
e. (Venir) mi hermano porque (ser) el cumpleaños de mi madre.
f. Yo le (llamar) por teléfono porque (querer) hablar con él.

7 Gramática

El acento andaluz *se le va quitando.*

a. Ya no tengo tanta fiebre. Se ______________ va quitando poco a poco.
b. ¿Por qué no has venido? ¿Se ______________ ha olvidado?
c. Tuve una buena idea: Se ______________ ocurrió pasar por casa de Miguel.
d. Hemos tenido mucho miedo, pero ahora se ______________ va quitando.
e. Mis amigos no han sacado las entradas para el cine. Se ______________ ha olvidado.
f. Si venías tan tarde, ¿por qué no se ______________ ocurrió llamar antes por teléfono?

92 Los toros

1 Comprender

¿Es esto lo que quiere decir el texto?

a. El toro representaba siempre lo mismo en las antiguas religiones.
b. No son recientes en España las representaciones artísticas del toro.
c. En el siglo XVIII se fueron muchos españoles de su país.
d. No sólo por la emigración perdió España parte de su población.
e. La ganadería de toros tiene que ver con la despoblación de España.
f. Los toros en España han sido siempre un espectáculo del pueblo.
g. La mayoría de los campesinos españoles se dedica a criar toros.

2 *Opinar*

¿Qué diría Vd.?

- ¿Ha visto Vd. toros en el campo o en una plaza de toros?
  ¿Qué impresión le dan?
  ¿De qué podrían ser un símbolo, para Vd.?
- ¿Ha visto Vd. alguna corrida de toros?
  ¿Qué es lo que (no) le gustó?
- A lo mejor, Vd. nunca ha querido ver una corrida. Explique por qué.
- ¿Qué cree que les fascina a los españoles en la corrida (aunque no les guste a todos)?
- ¿Hay otros tipos de espectáculos o de deportes que no le gustan nada?
- ¿Qué le parece la Sociedad Protectora de Animales?

93 Jerez

Fíjese en estas estructuras gramaticales:

1. **Como si** la palabra de Shakespeare **fuese** un mandato para los ingleses ... Gr. 16.6

2. Parece que se bebe Jerez **en cualquier rincón del mundo.** Gr. 24.1

1 Comprender

¿Es esto lo que quiere decir el texto?

a. Antiguamente, Jerez atrajo ya por sus vinos.
b. Shakespeare pensaba ya que era buena cosa tomar Jerez.
c. Los ingleses interrumpieron después la costumbre de beber Jerez.
d. La buena uva es uno de los elementos importantes para el Jerez.
e. El sol no brilla constantemente en la región de Jerez.
f. El Jerez es conocido en casi todos los rincones del mundo.
g. Salomón bebía porque tenía el corazón amargo.

- ¿Conoce Vd. vinos españoles que se exportan?
- ¿Ha visitado Vd. alguna vez una bodega (en España o en otra parte)?
- La región donde vive Vd., ¿tiene un clima tan agradable como Jerez?
- ¿Cuáles son los productos que exporta la región donde vive Vd.?
- Según el texto, los trabajadores de Jerez tienen un «hermoso trabajo». ¿Cree Vd. que ellos dirían lo mismo?
- ¿Le parece que en tiempos de Salomón existía ya el problema del alcoholismo?
- ¿Qué hace Vd. cuando tiene el corazón amargo?
- ¿Le gusta el Jerez? ¿Cuándo y cómo lo toma?

2 *Opinar*

¿Qué diría Vd.?

- ¿Cuál es la bebida de más tradición en su país?
- ¿Qué regiones son famosas por sus bebidas alcohólicas?
- ¿Son las bebidas alcohólicas un elemento importante en la economía de su país?

3 Vocabulario

Seguramente conoce Vd. estas palabras:

comprar – ir – correr – leer – llamar – coger – pertenecer – poner – escribir

Hay una palabra que no está bien en esta serie. ¿Cuál es? ¿Por qué? ¿Qué tienen en común las otras? ¿Se le ocurre con cada una de estas palabras una frase corriente?

94 La tierra y su distribución

Fíjese en estas estructuras gramaticales:

1. 50 **millones de** hectáreas — Gr. 19
2. **el 50 por ciento** — Gr. 17
3. **aunque** los rendimientos **son inferiores ...**
   Van todos a la fiesta, **aunque yo no voy.**
   Vete tú de todas formas, **aunque yo** a lo mejor **no vaya.** — Gr. 16.8

Fíjese también en estas expresiones:

- Por tanto/por lo tanto/por eso ...
- en principio : al principio
  En principio estoy de acuerdo, solamente tengo una duda ...
  Al principio estuve de acuerdo, pero ahora ya no.
- El pueblo es muy parecido a los demás.
- Por consecuencia, ...

1 Comprender

¿Es esto lo que quiere decir el texto?

a. Hay poca superficie improductiva en España.
b. Más de la mitad de la extensión de España está cultivada.
c. España produce menos por kilómetro cuadrado que otros países europeos.
d. La cantidad de terreno dedicada al cultivo de cereales es muy grande.
e. Los cereales, el aceite y el vino son tres productos base de la agricultura española.
f. La mayoría de los productos crecen en terreno de secano.

2 *Opinar*

¿Qué diría Vd.?

- ¿Sabe Vd., más o menos, cuáles son los productos importantes de su región? ¿Y de su país en general?
- ¿Qué productos importa su país de España y de otros países?
- ¿Qué exporta España, además de los productos mencionados en el texto?
- ¿Qué productos exportan la mayoría de los países latinoamericanos?
- ¿Qué países europeos están especialmente en competencia con España en la venta de sus productos?

95 Doña Rosita la Soltera

Fíjese en estas estructuras gramaticales:

1. **lo mismo que** antes – **igual que** antes — Gr. 18.8
2. **No hay quien le clave** el diente. — Gr. 16.3
3. **Soy vieja.**
   La señora A. **está bastante vieja** para la edad que tiene. — Gr. 11.1
4. Le **oí decir** que todavía **podría yo/podía yo** casarme. — Gr. 15

Fíjese también en estas expresiones:

- Tengo la ilusión perdida.
- Tengo la esperanza muerta.
- Tengo derecho a hacer lo que quiera.
- por primera/segunda/última vez
- ¿Por qué no me haces caso?
- Soy una persona seria.

1 Comprender

¿Es esto lo que quiere decir el texto?

a. Las amigas de doña Rosita se han ido casando.
b. La vida de ella también ha cambiado.
c. Doña Rosita va de paseo para conocer a nueva gente.
d. A veces oye comentarios irónicos sobre ella.
e. A veces le gustaría no salir más de su casa.
f. Ha perdido ya la esperanza de casarse.
g. Le gustaría quedarse por fin tranquila.
h. A veces siente no haberse casado con otro hombre.

2 *Opinar*

¿Qué diría Vd.?

- ¿Por qué doña Rosita ve pasar la vida de una manera tan pasiva?
- ¿Qué podía haber hecho ella para olvidar a aquel novio?
- ¿Cree Vd. que es frecuente hoy día que se reaccione así por motivos sentimentales?
- ¿Cree Vd. que se siente doña Rosita vieja por la edad o porque se ha quedado soltera?
- ¿Es lógica la distinción entre «joven» y «viejo» que hace doña Rosita?
- ¿Se imagina Vd. toda esta tragedia en un soltero en vez de una soltera?

3 Expresarse

¿Qué podría Vd. decir si no conociera las siguientes expresiones del texto?

- A esa ya no hay quien le clave el diente.
- unas ganas de no moverme nunca más de mi rincón
- ¿Por qué no me hiciste caso?
- Estaba atada.
- para procurarse mi cariño

4 Expresarse

Imagínese Vd. situaciones o conversaciones en las que Vd. pueda decir:

- Tonto de mí, que no le hice caso.
- No le hagas caso.
- Ya ves, no me hace caso.
- Ella no les hace caso a los chicos.

5 Vocabulario

querer – simpático – amigo – brazo – cariño – beso – amor

Hay en esta serie una palabra que no pega «ni con cola». ¿Cuál es? ¿Por qué?
¿A qué tema pertenecen las otras?
¿Se le ocurre con cada una de las palabras una frase corriente?

¿Qué más palabras se podrían añadir?

96 Opiniones sobre la mujer . . .

Fíjese en estas estructuras gramaticales:

1. **No hay** artista **que pueda** inspirarse en·esa mujer. Gr. 16.3
   No habría artista **que pudiera** inspirarse en esa mujer. Gr. 16.9

3. Es lo mejor educar a las chicas **igual que** a los chicos. Gr. 18.8

Fíjese además en estas expresiones:

- Las mujeres son capaces de hacer lo mismo que los hombres.
- ¿Quién le ha hecho creer esto?
- ¿A qué se dedica Vd.?
- Una mujer que trabaja no deja de ser mujer.
- Es un error pensar que . . .
- Soy soltero, pero no quiero quedarme soltero.

1 Comprender

¿Es esto lo que quiere decir el texto?

Según Feijóo,

a. hay hombres que creen que la mujer no sirve más que para los trabajos de la casa.
b. se trata de hombres inteligentes.
c. muchas mujeres acaban creyendo lo que dicen de ellas estos hombres.
d. las mujeres no son capaces de estudiar.
e. las mismas mujeres creen a veces que el hombre es superior a ellas.

Según Barroso,

f. la mujer no debe tener los mismos derechos y responsabilidades que el hombre.
g. sólo las mujeres muy femeninas inspiran a los artistas.

Según Botella,

h. chicos y chicas no deberían ir al mismo colegio.
i. es importante que las chicas tengan una educación social y política para ser buenas madres.
j. la mujer soltera tiene una función para la cual hay que prepararla.

2 Gramática

Escoja la forma correcta.

a. Yo quisiera hablar con un hombre que no (es/sea) tan superficial como ése.
b. Quisiera casarme con una mujer que no sólo (sabe/sepa) llevar la casa.
c. Me gustaría tener una mujer que (sabe/supiera) idiomas.
d. Yo conozco a muchas mujeres que (son/sean) capaces de hacer «trabajos de hombre».
e. Por otra parte hay hombres que (comprenden/comprendan) a los niños tan bien como las mujeres.
f. Gracias a Dios, hoy día ya no hay mujer que (corresponde/corresponda) a la imagen que tienen de las mujeres los señores Barroso y Botella Llusiá.

Sigan Vds. hablando de

- qué tipos de hombres y mujeres hay (o ya no hay)
- qué tipo de chico o chica le gustaría conocer
- qué tipo de persona (joven o vieja) le horroriza
- con qué tipo de hombre o mujer le gusta (o gustaría) vivir.

3 *Opinar*

¿Qué diría Vd.?

- ¿Cuál de los autores le parece más moderno? ¿En qué siglo escribió?
- ¿Cuál de los autores corresponde más al cliché de una «mentalidad típicamente española»?
- Feijóo critica cierto tipo de hombres. ¿Cree Vd. que sigue existiendo este tipo de hombre? Dé Vd. un ejemplo.
- Feijóo dice que los hombres hacen creer a muchas mujeres que ellas no son inteligentes. ¿Cree Vd. que hoy día esto se da también?
- Una mujer de aspecto y comportamiento masculinos se llama a veces «un marimacho». ¿Cree Vd. que una mujer que tiene los mismos derechos, deberes y obligaciones que el hombre tiene que ser por eso un marimacho?
- ¿En qué consiste, para Vd., en un sentido positivo, lo masculino y lo femenino?

4 *Opinar*

Mencione Vd. algunos ejemplos de hombres y mujeres conocidos (políticos, artistas, cantantes, deportistas, hombres o mujeres de negocios, etc.) y explique un poco por qué (no) le gustan.

A lo mejor le sirve alguna de estas frases:

- Me gusta cómo se viste.
- Tiene una voz de lo más desagradable.
- Es un tipo rarísimo.
- Me resulta muy antipático, no lo puedo ni ver.
- Es de lo más vulgar en sus reacciones.
- Me parece demasiado débil.
- Es un hombre callado, pero simpático.
- Es muy sencillo.
- Es muy abierto.
- Es muy sincero.
- Es un cantante excelente.
- No sabe callarse a tiempo, y siempre mete la pata cuando habla.
- Tiene mucho sentido del humor.
- Tiene mucha experiencia.

5 Vocabulario

Seguro que Vd. conoce estas palabras:

médico – aficionado – abogado – conductor – obrero – futbolista – secretaria – ingeniero – soldado – cenicero

Hay dos palabras que no están bien en esta serie. ¿Cuáles son? ¿Por qué? ¿Qué indican todas las demás?

¿Qué palabras se podrían añadir a esta serie?

6 *Comprender*

¿Qué diría Vd.?

Imagínese que Vd. le ha hecho esta pregunta a una amiga española:

– *Oye, ¿tú crees que hoy día la situación de la mujer española en la sociedad, en el trabajo, en la educación, etc. es muy diferente todavía de la situación de la mujer en otros países europeos?*

Escuche en la cinta lo que le contesta.

- ¿Conoce ella la situación en varios países europeos?
- ¿Cómo ve ella la situación de la mujer española en general?
- ¿En qué ha cambiado la situación, según la impresión de ella?
- Además de sus impresiones personales, ¿qué información tiene ella?
- ¿Qué se dice en esa información?
- ¿Cuántas mujeres españolas están contentas con su situación?
- ¿Qué dicen las que no trabajan fuera de casa? ¿No les gustaría trabajar?
- ¿Cómo es la situación en Barcelona? ¿Igual que en Madrid?
- ¿Los maridos han cambiado y ayudan en casa?
- ¿Qué dice de la vida política y cultural de las mujeres españolas?
- Sin haber leído la encuesta, ¿hubiera dicho ella lo mismo?
- ¿Cree ella lo que resulta de la encuesta?
- Contéstele Vd. a la pregunta que le hace ella al final.

unidad 20

97 La leyenda de El Dorado

Fíjese en estas estructuras gramaticales:

1. (Aquellos hombres podían/pudieron creer en . . .)
   No nos debe **extrañar que** aquellos hombres **pudieran** creer en la existencia de El Dorado. Gr. 16.9
2. No **era sorprendente que confiaran** en que **iban** a encontrar una ciudad donde todo **sería** de oro. Gr. 15

1 Gramática

Preguntas sobre el texto.
Complete Vd. las preguntas y contéstelas.

a. ¿ ________________ estaba, según la leyenda, El Dorado?
b. ¿ ________________ era, para los conquistadores, El Dorado?
c. ¿ ________________ se imaginaban los trajes del rey?
d. ¿ ________________ es posible que aquellos españoles creyeran en la existencia de una ciudad tan fantástica?
e. ¿ ________________ eran las ciudades más ricas que habían visto?
f. ¿ ________________ confiaron?
g. ¿ ________________ se descubrió oro en la zona del Orinoco?
h. ¿ ________________ hace que empezó el «boom» del petróleo?

2 Gramática

Emplee estos datos para contar algo del pasado de Venezuela:

a. Venezuela – ser el país del maravilloso El Dorado.
b. Esta leyenda – nacer después de la conquista.
c. Esta leyenda – convertirse en la idea de un reino lleno de oro.
d. Los españoles – llegar a creer en la existencia de esa ciudad fantástica.
e. Los españoles – llegar a imaginarse que hay amazonas montadas en caballos.
f. Los españoles – confiar en que van a encontrar ese reino tan poderoso donde todo será de oro.
g. En el siglo XIX – descubrirse oro en el Orinoco.

3 *Opinar*

¿Qué diría Vd.?

- Si le tocara la lotería o si ganara un millón en las quinielas, ¿qué haría?
- ¿Por qué no son felices todas las personas ricas? ¿Qué significa para Vd. ser feliz?

Escriba Vd. un par de frases sobre uno de estos temas.

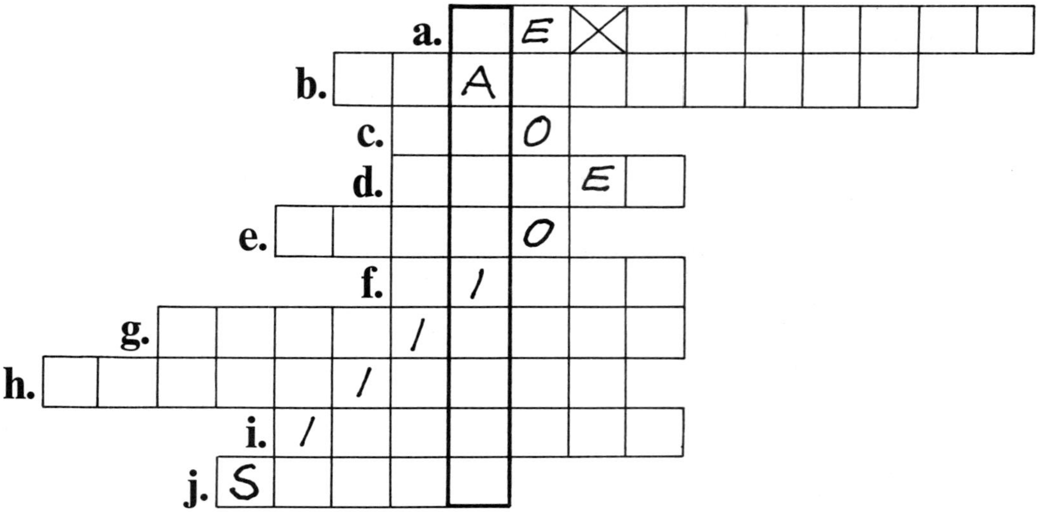

4 Vocabulario

Busque las palabras correspondientes.

a. me choca, sorprende
b. que no se acaba nunca
c. metal precioso
d. tener su origen
e. sustancia en trocitos finísimos
f. cien años
g. serie de montañas
h. fantástico
i. esperanza, alegría
j. lo que uno tiene a veces cuando duerme

98 Algunas nociones sobre Venezuela

Fíjese en estas estructuras gramaticales:

1. **Hablando de Venezuela,** debemos hablar de ... Gr. 12.2
2. El avance **(que ha sido) alcanzado por** los trabajadores ... Gr. 8.2
   Cada año **son lanzadas** al mercado de trabajo 120.000 personas jóvenes.
   Los recursos del país **son explotados por** los consorcios extranjeros.
3. Se exige **una calificación cada vez más elevada.** Gr. 18

4. Venezuela es un país **rico por las condiciones** que da la naturaleza. Gr. 25.1

5. Necesitamos **una reforma que libere** a los que trabajan el campo venezolano. Gr. 16.7

Fíjese también en estas expresiones:

- Tenemos dos problemas fundamentales.
- Tenemos que tenerlo en cuenta.
- Desde el punto de vista económico ...
- En cuanto a .../En relación a ...
- Tiene un coche a su disposición.
- Imagínese/imagínate: ...
- Se hace necesaria una reforma.
- ¿A quién pertenece?
- En conclusión, ...
- Mi opinión personal es que ...

1 Expresarse

Hagan Vds. comentarios críticos a los hechos siguientes, empleando frases como

- *Es muy lamentable que ...*
- *No se puede seguir aceptando que ...*
- *No se puede admitir que ...*
- *Hay que hacer algo para que no ...*

etc.

- Hay muchos desocupados en el país.
- Hay cada vez más mano de obra que no está lo suficientemente calificada.
- Cada año hay más jóvenes que no encuentran trabajo.
- Sigue aprovechándose mal la riqueza natural del país.
- El petróleo y el hierro son explotados sobre todo por empresas extranjeras.
- Continúa una explotación de tipo neocolonial.
- No se van renovando los medios de trabajo al ritmo necesario.
- La mayoría de las instalaciones petroleras pertenecen a compañías extranjeras.

2 *Comprender*

Preguntas sobre el texto

- ¿Cuáles son los dos problemas principales relacionados con el desempleo?
- En cuanto a las riquezas naturales que tiene Venezuela, ¿qué le preocupa al autor?
- ¿Qué dice de la infraestructura del país?
- ¿Qué dice del campo?
- ¿Qué es necesario, según el autor, para el futuro desarrollo del país, hablando del petróleo?
- ¿Es Venezuela un «país subdesarrollado», como dicen algunos, o un «país en vías de desarrollo», como dicen otros?

3 Gramática

Complete Vd. estas frases:

a. El autor habla de los problemas que ________________ Venezuela.

b. Pide una política que ________________ el alto grado de desocupación.

c. Dice que es necesario un programa que por lo menos ________________ conseguir que haya trabajo para todos.
d. Dice que las instalaciones industriales etc. forman una base sólida con la cual ________________ contar Venezuela.
e. En el campo, se hace necesaria una reforma que ________________ los problemas de los que trabajan el campo.
f. Dice que el desarrollo del país hace necesaria la nacionalización de las instalaciones petroleras que ________________ en manos de empresas norteamericanas.

4 Gramática

Imagínese que está hablando con un socialista venezolano sobre su programa político, haciéndole preguntas sobre lo que él dice:

- Debe reducirse el número de los desocupados . . .
- ¿Cómo pueden *conseguir que se reduzca* el número de los desocupados?
  ¿Qué pueden Vds. hacer *para que se reduzca* el número de los desocupados?

a. Debe reducirse el número de los desocupados.
b. Debe mejorar el nivel técnico de la mano de obra.
c. Debe haber trabajo para todos.
d. Más trabajadores deben calificarse mejor.
e. Debe tenerse más en cuenta el aspecto humano en el trabajo.
f. Debe aprovecharse racionalmente la riqueza natural.
g. Los recursos naturales no deben ser explotados por los extranjeros.
h. Debe realizarse una reforma agraria radical.
i. Debe nacionalizarse el petróleo.

5 Gramática

Formule ahora por lo menos cinco tareas que debería realizar el gobierno de su país:

- *Necesitamos un gobierno que . . .*
- *Necesitamos un gobierno que consiga que . . .*
- *Es absolutamente necesario que el gobierno de este país . . .*

6 *Expresarse*

Haga Vd. un resumen por escrito de los principales problemas que tiene Venezuela, según el texto.

7 Gramática

a – en – para – por

a. Son considerables los progresos conseguidos ________________ los trabajadores en algunas industrias.
b. Pero no hay trabajo ________________ todos.
c. Y hay que tener ________________ cuenta que cada año hay más jóvenes que buscan trabajo.
d. Venezuela es un país rico ________________ el petróleo.
e. Pero el petróleo y el hierro son explotados principalmente ________________ empresas extranjeras.
f. Desde el descubrimiento del petróleo, Venezuela se ha desarrollado ________________ un ritmo increíble.
g. Pero queda muchísimo ________________ hacer.

8 Gramática

El texto podría empezar así:
Hablando de Venezuela, debemos . . .

A ver qué se le ocurre para completar estas frases (y para seguir hablando del tema . . .):

- Pensando en el trabajo que tengo mañana,
- Pensando en el dinero que he gastado . . .
- Pensando en las vacaciones que se están acercando, . . .
- Hablando de mi familia, . . .

9 Vocabulario

Mire bien esta serie de palabras:

lana – trozo – seda – cuero – metro – piel – madera – metal – oro – plata – papel – material sintético

Dos palabras se han introducido por equivocación. ¿Cuáles son? ¿Qué indican todas las demás?
¿Qué frase corriente se le ocurre con cada una de estas palabras?

99 Llegó la Navidad

Fíjese en estas estructuras:

1. Pasé las Navidades **durmiendo.**
   Gastaba las monedas **comprando** velas. Gr. 2
2. Me **puse** a rezar. – No **se produjo** el milagro. Gr. 6.2
3. **Si hubiera podido** tener mi caballo, **habría tenido** siempre ganas de celebrar la Navidad. Gr. 16.9

1 Expresarse

Imagínese Vd. que sabe todo lo que le pasó al autor. Si quiere, emplee estas frases:

- por la tarde, estar con personas conocidas
- no irse a ninguna fiesta
- querer, desde muy pequeño, tener un caballo
- no poder conseguir nunca un caballo
- escribir una vez una carta al Niño Jesús
- encontrar en Navidad un diccionario de bolsillo
- quedarse tremendamente desilusionado
- ponerse a rezar como un desesperado
- ponerse a comprar velas para los santos
- no producirse el milagro

2 Gramática

Háganse Vds. estas preguntas en grupos de tres (Gr. 27.2):

a. ¿Tiene Vd. algo que hacer?
   No, ____________________
   ¿Y Vd.?
   (tampoco)
b. ¿Fuma Vd.?
   (nunca)
   ¿Y Vd.?
   (tampoco)
c. ¿Ha dicho Vd. algo?
   No, ____________________
   ¿Y Vd.?
   (tampoco)
d. ¿Ha dicho Vd. algo a alguien?
   No, ____________________
   ¿Y Vd.?
   (tampoco)
e. ¿Le hace ilusión la fiesta?
   (ninguna)
   Pero antes le hacía ilusión, ¿no?
   (nunca)
   Pero a Vd. sí, ¿verdad?
   Pues francamente, a mí nunca me ha hecho ninguna ilusión tampoco . . .

3 Gramática

Se despidió. Sentía mucho no poder hacer nada por nosotros.
Se despidió sintiendo mucho . . .

a. Ese chico nos visitó *cuando estaba* de paso por aquí.
b. Me llamó *para decirme* que quería conocernos.
c. Dormía en su coche, *aunque podía* pagarse los mejores hoteles.
d. Luego estuvo en casa *y durmió* dos noches y dos días sin despertarse, tan cansado estaba del viaje.
e. Habló con un abogado *para pedirle* que le ayudara a arreglar su situación.
f. Al cabo de una semana se fue de repente *y nos dio* las gracias por lo que habíamos hecho por él . . .

4 *Comprender*

Escuche lo que cuenta una española sobre la Navidad y de cómo la pasaba cuando era niña.

- ¿Cómo se celebra el 24 de diciembre en esta familia española?
- ¿Suelen tener las familias un árbol de Navidad?
- ¿Qué cuenta del Nacimiento?
- ¿Qué dice del 25 y del 26 de diciembre?

- ¿Qué pasa con los regalos para los niños?
- ¿Qué se les dice de los Reyes Magos?
- ¿Qué preparan los niños?

- ¿Cómo recuerda la señora lo que sentía y lo que esperaba conseguir una vez la noche de Reyes?
- ¿Qué cuenta de su perro y de su gato?

- ¿Qué dice de las diferentes fechas de hacer los regalos?
- ¿Qué problema hay?
- ¿Qué hacen algunas familias que se dan cuenta del problema?

- ¿A qué edad dice que empezaba a dudar de los Reyes?
- ¿Quién daba muchas veces las primeras dudas?
- ¿Qué dice del año en que los niños consiguen pescar a sus padres?

SON COMO NIÑOS
ROMEU
BUENO, POR UNA VEZ, Y SIN QUE SIRVA DE PRECEDENTE, VOY A DECLARAR LA TREGUA DE NAVIDAD
O SEA, QUE NO VOY A QUEJARME DE LA TERRIBLE INCONSCIENCIA HUMANA A LA HORA DE REPRODUCIRSE
NI DE LA MONSTRUOSIDAD DE REDUCIR LA EDAD PENAL: DEBERES SIN DERECHOS PARA EL MENOR
NI DE QUE LA DEMOCRACIA ESTE TAN A GUSTO EN LAS CORTES, QUE AUN NO SE HAYA ASOMADO A LA CALLE
NI VOY A RECORDAR QUE MEDIO MUNDO DERROCHA Y MEDIO MUNDO ESTA DERROCHADO
NI VOY A DECIR MI DOLOR ECOLOGICO POR LOS MILES DE ABETOS ASESINADOS EN NOMBRE DE LA NAVIDAD
NI ESE CAPRICHO, TAN A LO TANATOS, DE SUSTITUIR EL AIRE Y EL MAR POR CONTAMINACION Y RADIACION
NUCLEARES NO
NO DIRE NADA, NO. ES NAVIDAD, OLVIDEMOS LA MISERIA HUMANA Y ALEGREMONOS: HA NACIDO EL NIÑO DIOS
ZUMBA ZUMBA

Grammatik im Überblick

Der folgende Überblick soll keine vollständige Grammatik ersetzen. Er bringt in den einzelnen Abschnitten kurze Hinweise auf das, was wir in **Temas** für Fortgeschrittene voraussetzen können und was Sie evtl. in Ihrem Anfangslehrbuch oder in einer vollständigen Grammatik noch einmal wiederholen könnten. (Diese kurzen Wiederholungshinweise finden Sie bei einfachen Nummern ohne weitere Ziffer nach dem Punkt, z. B. 11.: die wichtigsten Grundregeln für die Verwendung von *ser* und *estar*). Anschließend zeigen wir dann jeweils diejenigen Strukturen (Formen und Satzmuster), die in **Temas** vertieft und erweitert werden.

I. Das Verb

1 Presente de indicativo und Presente de subjuntivo

Wir setzen die Formen der regelmäßigen Verben (tomar, comer, vivir) voraus:

tomar:	tomo, tomas, toma ...	tome, tomes, tome ...
comer:	como, comes, come ...	coma, comas, coma ...
vivir:	vivo, vives, vive ...	viva, vivas, viva ...

1.1

comenzar -ie-		**defender -ie-**	
comienzo	comience	defiendo	defienda
comienzas	comiences	defiendes	defiendas
comienza	comience	defiende	defienda
comenzamos	comencemos	defendemos	defendamos
comenzáis	comencéis	defendéis	defendáis
comienzan	comiencen	defienden	defiendan

Ebenso Verben auf -ar:
apretar – drücken; **atravesar** – überqueren; **cerrar** – schließen; **despertar** – wecken; **despertarse** – aufwachen; **empezar** – anfangen; **negarse** – sich weigern; **nevar** – schneien; **pensar** – denken; **recomendar** – empfehlen; **sentarse** – sich setzen; **tropezar con** – stolpern, stoßen.

Verben auf -er:
encender – anzünden; **entender** – verstehen; **perder** – verlieren; **querer** – lieben, wollen.

1.2

sentir -ie- -i-		**advertir -ie-**	
siento	sienta	advierto	advierta
sientes	sientas	adviertes	adviertas
siente	sienta	advierte	advierta
sentimos	sintamos	advertimos	advirtamos
sentís	sintáis	advertís	advirtáis
sienten	sientan	advierten	adviertan

Ebenso:

convertir (en) - verwandeln, machen zu; **convertirse (en)** - werden zu; **divertirse** - sich gut unterhalten; **herir** - verletzen; **preferir** - vorziehen, lieber haben; **referirse a** - sich beziehen auf.
Diese Verben haben weitere Formen mit -i-: *Gerundio* Gr. 2.1, *Pret. perfecto simple* Gr. 6.1

1.3

contar -ue-		**poder -ue-**	
cuento	cuente	puedo	pueda
cuentas	cuentes	puedes	puedas
cuenta	cuente	puede	pueda
contamos	contemos	podemos	podamos
contáis	contéis	podéis	podáis
cuentan	cuenten	pueden	puedan

Ebenso:

acordarse de - sich erinnern an; **comprobar** - prüfen, feststellen; **contar** - zählen, erzählen; **costar** - kosten; **demostrar** - beweisen; **encontrar** - finden, treffen; **encontrarse** - sich befinden; **esforzarse en** - sich bemühen; **mostrar** - zeigen; **probar** - probieren; **recordar** - sich erinnern an; **rogar** - bitten; **sonar** - klingen, klingeln; **soñar (con)** - träumen von; **volar** - fliegen, sprengen.

Ebenso: jugar (juego) und Verben auf -er:

doler - weh tun; **llover** - regnen; **mover** - bewegen; **oler (huele)** - riechen; **soler** - zu tun pflegen; **poder** - können; **volver** - zurückkommen; **volverse** - sich umdrehen.

1.4

dormir -ue- -u-

duermo	duerma
duermes	duermas
duerme	duerma
dormimos	durmamos
dormís	durmáis
duermen	duerman

Ebenso:

morir, morirse - sterben

Diese Verben haben weitere Formen mit -u-: *Gerundio* Gr. 2.1, *Pret. perfecto simple* Gr. 6.1

1.5

pedir -i-		**seguir -i-**	
pido	pida	sigo	siga
pides	pidas	sigues	sigas
pide	pida	sigue	siga
pedimos	pidamos	seguimos	sigamos
pedís	pidáis	seguís	sigáis
piden	pidan	siguen	sigan

Ebenso:

conseguir - erlangen, bekommen; **despedir** - entlassen; **despedirse** - sich verabschieden; **elegir** - wählen, auswählen; **impedir** - hindern, verhindern; **reírse de** - lachen über; **repetir** - wiederholen; **servir (de)** - dienen (als); **vestirse** - sich anziehen;

Diese Verben haben weitere Formen mit -i-: *Gerundio* Gr. 2.1, *Pret. perfecto simple* Gr. 6.1

1.6

construir -y-

construyo	construya
construyes	construyas
construye	construya
construimos	construyamos
construís	construyáis
construyen	construyan

Weitere Formen mit -y- ergeben sich nur aus der orthographischen Regel, daß -i- zwischen zwei Vokalen -y- geschrieben wird: *constru-ió* wird *construyó, construiendo* wird *construyendo* (ebenso bei *caer, leer*).

1.7

conocer -zc-

conozco	conozca
conoces	conozcas
conoce	conozca
conocemos	conozcamos
conocéis	conozcáis
conocen	conozcan

conducir -zc-

conduzco	conduzca
conduces	conduzcas
conduce	conduzca
conducimos	conduzcamos
conducís	conduzcáis
conducen	conduzcan

Ebenso:

aparecer - erscheinen; **agradecer** - dankbar sein; **desaparecer** - verschwinden; **establecer** - einrichten, errichten; **nacer** - geboren werden, entstehen; **ofrecer** - bieten, anbieten; **parecer** - scheinen; **pertenecer (a)** - gehören (zu); **reconocer** - anerkennen; erkennen.

Ebenso alle Verben auf -ducir:

producir - herstellen; **producirse** - sich ereignen; **reducir** - reduzieren; **traducir** - übersetzen.

Vgl. *conduje,* Gr. 6.1

1.8

enviar -í-

envío	envíe
envías	envíes
envía	envíe
enviamos	enviemos
enviáis	enviéis
envían	envíen

Ebenso:

variar - sich ändern, wechseln; **continuar (continúa)** - fortsetzen, fortfahren.

1.9
Verben mit eigener Unregelmäßigkeit im Presente (indicativo/subjuntivo)

Bei den meisten dieser Verben wird das *Presente de subjuntivo* aus der 1. Person Einzahl des *Indicativo* abgeleitet (wie auch bei den regelmäßigen Verben):

caber	**quepo,** cabes, cabe ...	quepa, quepas ...	hineinpassen
caer	**caigo,** caes, cae ...	caiga, caigas ...	fallen
decir	**digo,** dices, dice, decimos, decís, dicen	diga, digas ...	sagen
hacer	**hago,** haces, hace ...	haga, hagas ...	tun, machen
oír	**oigo,** oyes, oye, oímos, oís, oyen	oiga, oigas ...	hören
poner	**pongo,** pones, pone ...	ponga, pongas ...	setzen, stellen, legen
salir	**salgo,** sales, sale ...	salga, salgas ...	hinausgehen; ausgehen
tener	**tengo,** tienes, tiene, tenemos, tenéis, tienen	tenga, tengas ...	haben; halten
traer	**traigo,** traes, trae ...	traiga, traigas ...	(her)bringen
valer	**valgo,** vales, vale ...	valga, valgas ...	wert sein; gelten
venir	**vengo,** vienes, viene ...	venga, vengas ...	kommen
ver	**veo,** ves, ve ...	vea, veas ...	sehen

Keine unmittelbare Ableitung der Formen des *Subjuntivo* haben folgende Verben:

dar	**doy,** das, da ...	**dé,** des, dé ...	geben
estar	**estoy,** estás, está	**esté,** estés, esté ...	sein; sich befinden
haber	**he,** has, ha (tomado)	**haya,** hayas ...	haben
haber	**hay**	**haya**	es gibt
ir	**voy,** vas, va ...	**vaya,** vayas ...	gehen; fahren
saber	**sé,** sabes, sabe ...	**sepa,** sepas ...	wissen
ser	**soy,** eres, es ...	**sea,** seas, sea ...	sein

2 Gerundio

Die Bildung der Formen des *Gerundio* ist Ihnen bekannt:

tomar: tom-ando
comer: com-iendo
vivir: viv-iendo

2.1
Einige Verben haben eine Stammveränderung im *Gerundio:*

decir	**diciendo**	ir	**yendo**
dormir/morir	**durmiendo/muriendo**	venir	**viniendo**
sentir	**sintiendo**	pedir	**pidiendo**

sentir und *pedir* stehen als Beispiele für alle Verben der Gruppen Gr. 1.2 und 1.5

3 Participio

Die meisten Verben bilden das Partizip regelmäßig:

tomar:	tom-ado
comer:	com-ido
vivir:	viv-ido

3.1

Folgende Verben haben ein unregelmäßiges Partizip:

abrir	**abierto**	geöffnet, offen
cubrir	**cubierto**	bedeckt
decir	**dicho**	gesagt
descubrir	**descubierto**	entdeckt
devolver	**devuelto**	zurückgegeben
envolver	**envuelto**	eingehüllt, eingewickelt
escribir	**escrito**	geschrieben
hacer	**hecho**	getan, gemacht
morir	**muerto**	gestorben, tot
poner	**puesto**	gesetzt, gelegt, gestellt
romper	**roto**	zerbrochen, kaputt
resolver	**resuelto**	gelöst (Problem); entschlossen
ver	**visto**	gesehen
volver(se)	**vuelto**	zurückgekommen; geworden

4 Imperativo

Die Imperative für *Vd./Vds.* (und *nosotros)* – bejahend und verneinend – sind gleich mit den Formen des *Presente de subjuntivo:*
(no) tome Vd., tomen Vds., venga Vd., vengan Vds., escriba Vd., escriban Vds.
Für *tú* und *vosotros* stammen die bejahten Formen aus dem Indikativ/Infinitiv, die verneinten sind ebenfalls gleich mit denen des *Presente de subjuntivo:*

toma	no tomes	nimm (nicht)
tomar/tomad	no toméis	nehmt (nicht)
come	no comas	iß (nicht)
comer/comed	no comáis	eßt (nicht)
escribe	no escribas	schreib (nicht)
escribir/escribid	no escribáis	schreibt (nicht)

4.1

Einige besondere bejahte Imperativformen für *tú:*

decir	**di**	salir	**sal**
hacer	**haz**	ser	**sé**

Und für *nosotros:*

ir	**vamos, vámonos**	gehen wir!

4.2

Beim Imperativ reflexiver Verben fällt in der 1. und 2. Person Plural je ein Konsonant aus:

lavarse:	(lavemos-nos)	**lavémonos**
	(lavad-os)	**lavaos**

5 Futuro und Condicional

Futuro und *Condicional* haben den gleichen Verbstamm. Bei regelmäßigen Verben ist es der Infinitiv:

tomar:	tomar-é (ich werde . . .)	tomar-ía (ich würde . . .)
comer:	comer-é	comer-ía
vivir:	vivir-é	vivir-ía

Futuro perfecto (meist als Vermutung):

habrá tomado	er wird (wohl) genommen haben
habrá comido	er wird (wohl) gegessen haben
habrá vivido	er wird (wohl) gelebt haben

Condicional compuesto (vgl. Gr. 5.2):

habría tomado	ich hätte genommen («würde genommen haben»)
habría comido	ich hätte gegessen («würde gegessen haben»)
habría vivido	ich hätte gelebt («würde gelebt haben»)

5.1

Einige Verben haben für *Futuro* und *Condicional* einen etwas veränderten Verbstamm:

caber	**cabré**	cabría	hineinpassen
decir	**diré**	diría	sagen
haber	**habré**	habría	(getan) haben
hay	**habrá**	habría	es gibt
hacer	**haré**	haría	machen; tun
poder	**podré**	podría	können
poner	**pondré**	pondría	setzen; stellen; legen
querer	**querré**	querría	wollen; lieben
saber	**sabré**	sabría	wissen
salir	**saldré**	saldría	hinausgehen; ausgehen
tener	**tendré**	tendría	haben
valer	**valdré**	valdría	wert sein; kosten
venir	**vendré**	vendría	kommen

Ebenso die Zusammensetzungen mit diesen Verben:
contener – enthalten; **componer** – zusammenstellen; **convenir** – zweckmäßig sein; usw.

5.2

Das *Condicional* der Vergangenheit wird, wie die anderen zusammengesetzten Zeiten, mit *haber* gebildet:

Le habría visitado si me hubiese/hubiera enterado de que estaba enfermo.	Ich hätte ihn besucht, wenn ich erfahren hätte, daß er krank ist.

Häufiger ist jedoch die Verwendung der Form des *Pluscuamperfecto de subjuntivo* mit *hubiera*:
Le hubiera visitado si me hubiese/hubiera enterado de que estaba enfermo.

5.3

Für die Modalverben gibt es eine besondere Konstruktion, die nicht dem Deutschen entspricht. Statt «hubiéramos podido hacerlo, hubiéramos debido hacerlo, hubiéramos tenido que hacerlo – wir hätten das tun können/sollen/müssen» wird gebraucht:

podíamos haberlo hecho	wir hätten das tun können!
debíamos haberlo hecho	wir hätten das tun sollen!
teníamos que haberlo hecho	wir hätten das tun müssen!

6 Pretérito perfecto simple und Pretérito imperfecto de subjuntivo

tom-é	com-í	escrib-í	Verwendung: Gr. 14.2
tomaste	comiste	escribiste	
tomó	comió	escribió	
tomamos	comimos	escribimos	
tomasteis	comisteis	escribisteis	
toma-ron	**comie-ron**	**escribie-ron**	

Aus der 3. Person Mehrzahl werden die beiden gleichwertigen Formen des *Pretérito imperfecto de subjuntivo* abgeleitet. Endungen und Betonung sind bei allen regelmäßigen Verben gleich.

toma-ra/toma-se	comie-ra/comie-se	escribie-ra/escribie-se	Verwendung:
tomaras	comieras	escribieras	Gr. 16.6, 16.9
tomara	comiera	escribiera	
tomáramos	comiéramos	escribiéramos	
tomarais	comierais	escribierais	
tomaran	comieran	escribieran	

Aus derselben Form der 3. Person Mehrzahl wird auch die alte Form des «Futuro de subjuntivo» abgeleitet, die vor allem in juristischen Texten noch zu finden ist:
toma-re, estuvie-re, tuvie-re, usw.

Pretérito pluscuamperfecto (Vorvergangenheit):

(si) hubiera/hubiese tomado	(wenn) ich genommen hätte
(si) hubiera/hubiese comido	(wenn) ich gegessen hätte
(si) hubiera/hubiese vivido	(wenn) ich gelebt hätte

Zur Verwendung von *hubiera tomado* im Hauptsatz siehe Gr. 5.2.

6.1

Einige Verben haben in den Formen des *Pretérito perfecto simple* und des *Pretérito imperfecto de subjuntivo* eine Veränderung im Stamm, behalten aber die Endungen und die Betonung der regelmäßigen Verben auf -ir fast durchgehend bei (Ausnahme: fue, fueron):

dar	di, diste, dio dimos, disteis, **dieron**	diera/diese
dormir	dormí, dormiste, durmió dormimos, dormisteis, **durmieron**	durmiera/durmiese
ir/ser	fui, fuiste, fue fuimos, fuisteis, **fueron**	fuera/fuese
pedir	pedí, pediste, pidió pedimos, pedisteis, **pidieron**	pidiera/pidiese

dormir steht gleichzeitig als Beispiel für *morir, morirse.*
Die Formen für *ir* und *ser* sind gleich.
pedir steht gleichzeitig als Beispiel für alle Verben der Gruppen Gr. 1.5 und 1.2 (*pedir* und *sentir*).

6.2

Einige Verben haben im *Pretérito perfecto simple* einen veränderten Stamm und ein verändertes, aber wiederum einheitliches Schema der Endungen und Betonung. Beispiel:

estar

estuve	estuviera	estuviese
estuviste	estuvieras	estuvieses
estuvo	estuviera	estuviese
estuvimos	estuviéramos	estuviésemos
estuvisteis	estuvierais	estuvieseis
estuvie-ron	estuvieran	estuviesen

Ebenso:

andar	**anduve**	anduviera	gehen
caber	**cupe**	cupiera	hineinpassen
conducir	**conduje**	condujera	fahren; führen
decir	**dije**	dijera	sagen
estar	**estuve**	estuviera	sein, sich befinden
haber (tomado)	(hube)	hubiera	(genommen) haben
hay	**hubo**	hubiera	geben (es gibt)
hacer	**hice**	hiciera	machen, tun
poder	**pude**	pudiera	können
poner	**puse**	pusiera	setzen, stellen usw.
querer	**quise**	quisiera	wollen; lieben
saber	**supe**	supiera	wissen; erfahren
tener	**tuve**	tuviera	haben; bekommen

traer	**traje**	trajera	bringen, mitbringen
venir	**vine**	viniera	kommen

Bei *condujeron, dijeron* und *trajeron* fällt das *-i-* der Endung *-ieron* aus. Entsprechend fehlt es in allen Formen des *Pret. imperfecto de subjuntivo.*

7 Pretérito imperfecto

Sie kennen die regelmäßigen Formen, die durchgehend auf derselben Silbe betont sind:

tomar:	tomaba	tomabas	tomaba	tomábamos	tomabais	tomaban
comer:	comía	comías	comía	comíamos	comíais	comían
vivir:	vivía	vivías	vivía	vivíamos	vivíais	vivían

7.1

Nur drei Verben haben im *Pretérito imperfecto* einen veränderten Stamm:

ser:	**era**	eras	era	éramos	erais	eran
ir:	**iba**	ibas	iba	íbamos	ibais	iban
ver:	**veía**	veías	veía	veíamos	veíais	veían

8 Das Passiv

Dem deutschen Passiv – es wird verkauft – entspricht im Spanischen meist die reflexive Ausdrucksweise mit **se**:

La casa se vende.	Das Haus wird verkauft.
La casa se va a vender.	Das Haus wird demnächst verkauft (werden).
La casa se ha vendido.	Das Haus ist (kürzlich) verkauft (worden).
La casa se vendió.	Das Haus wurde (damals) verkauft.

8.1

Bei diesem «reflexiven Passiv» steht – anders als bei der unpersönlichen Form «man» – das Verb auch in der Mehrzahl:

En Madrid **se leen** más periódicos que en provincias.	In Madrid werden mehr Zeitungen gelesen als in der Provinz.
En ese museo **se pueden ver** muchas cosas interesantes. **Pueden verse** muchas cosas interesantes.	In diesem Museum kann man viele interessante Dinge sehen.

8.2

Es gibt aber auch ein echtes Passiv: **ser + Participio:**

la casa es vendida	das Haus wird verkauft
la casa será vendida	das Haus wird verkauft werden

la casa ha sido vendida	das Haus ist verkauft worden
la casa fue vendida	das Haus wurde verkauft

Resultat:

la casa ya está vendida	das Haus ist schon verkauft

Eine dem Spanischen eigene Ausdrucksweise erfaßt sowohl die Vergangenheit der Handlung wie auch die Gegenwärtigkeit des Resultats:
Las características de la nueva actitud de la Iglesia en América Latina **quedaron concretizadas** en la Conferencia de Puebla. – Die Merkmale ... wurden (und sind nun) konkret zusammengefaßt.

9 Verben mit oder ohne folgende Präposition

Viele Verben (vor allem, wie im Deutschen, die Modalverben wie *können, wollen,* usw.) werden durch den bloßen Infinitiv des folgenden Verbs ergänzt:

quiero hacerlo	ich will es machen
puedo hacerlo	ich kann es machen
sé conducir	ich kann Auto fahren
pienso hacerlo	ich habe vor, es zu tun
tengo que hacerlo	ich muß es tun
hay que hacerlo	man muß es tun
debo hacerlo	ich muß es tun

Andere Verben haben einen folgenden Anschluß mit Präposition (*a, de, por* usw.):

comienzo a hacerlo	ich fange an, es zu tun
empiezo a comprenderlo	ich beginne es zu verstehen
disfruto de las vacaciones	ich genieße die Ferien
me decido a hacerlo	ich entschließe mich, es zu tun
me decido por la otra posibilidad	ich entscheide mich für die andere Möglichkeit

usw.

9.1

Erfordert ein Verb einen Anschluß mit Präposition, so bleibt diese in der Regel unabhängig von der Art des folgenden Satzteils bestehen:

	haberlo dicho (yo).	Ich erinnere mich, daß ich das gesagt habe.
Me acuerdo de	él.	Ich erinnere mich an ihn.
	que lo ha dicho (él).	Ich erinnere mich, daß er es gesagt hat.

Das gleiche gilt auch für Anschlüsse nach Substantiven:

Tengo **la impresión de que** Vd. ha olvidado algo importante.	Ich habe den Eindruck, daß Sie etwas Wichtiges vergessen haben.
He tenido una oportunidad de ir a Salamanca.	Ich hatte eine günstige Gelegenheit, nach Salamanca zu fahren.

10 hay : estar

Sobre la mesa hay varios libros.	Die Ortsangabe ist bestimmt, die Angabe der dort vorhandenen Gegenstände ist unbestimmt: **hay.**
Los libros están sobre la mesa.	Die Angabe der Gegenstände (die vorher erwähnt wurden) ist bestimmt. Es wird angegeben, wo sie sich befinden: **estar.**

11 ser : estar

estar

Los libros están sobre la mesa.	Ortsangabe. Gr. 10.
Los libros están vendidos.	Resultat aus einer Handlung. Gr. 8.2
El café está muy caliente.	Eigenschaft als Zustand.
Estoy cansado.	Zustand, Ergebnis einer Entwicklung: *cansarse* – müde werden.
Estoy bien/mal/enfermo/nervioso.	Körperliches Befinden.
Está sentado/acostado/de pie.	Angabe einer Stellung. Auch als Ergebnis der vorangehenden Bewegung: *sentarse, acostarse, levantarse.*

ser

Paco es español, es católico, es ingeniero, es ya mayor.	Wesentliche Daten zur Person: Nationalität, Konfession, Beruf, Alter.
Paco es mi amigo.	Definition (*ser* + Substantiv).
Carmen es guapa, es joven, es alta.	Wesentliche Daten zur (Beschreibung der) Person: Aussehen, Alter, Größe, usw.
Somos 20. Somos 20 personas. Somos muchos/pocos.	Angabe von Zahlen, Mengen.
Son las tres de la tarde.	Angabe der Uhrzeit.
Es temprano/tarde.	Weitere Zeitangaben.
Hoy es viernes. Es el 25 de mayo. Es mi cumpleaños.	Datum.

11.1

ser viejo	Jahre alt sein	estar viejo	verbraucht sein
ser guapa	hübsch sein	estar guapa	(heute) hübsch wirken
ser malo	böse sein	estar malo	krank sein
ser frío	von Natur kalt sein	estar frío	kalt, abgekühlt sein
ser moreno	dunkelhaarig sein	estar moreno	braungebrannt sein
ser rico	reich sein	estar rico	gut schmecken

ser sano	gut für die Gesundheit sein	estar sano	körperlich gesund sein
ser (un) fresco	frech sein	estar fresco	ganz frisch sein
ser cómodo	bequem sein (z. B. Möbel)	estar cómodo	sich wohlfühlen

Ohne Bedeutungsunterschied werden gebraucht: *ser/estar casado* – verheiratet sein.
Aber immer: *estar casado con* (Carmen, un francés).

12 Verwendungen des Gerundio

Paco está trabajando.	Verlaufsform: Er arbeitet gerade.

12.1

Paco sigue trabajando.	Er arbeitet weiter/immer noch.
Paco continúa trabajando.	Er arbeitet weiter.
Tenemos que ir pagando el piso.	Wir müssen nach und nach die Wohnung bezahlen.
Es una expresión que se viene utilizando cada vez más.	Das ist ein Ausdruck, der seit einiger Zeit immer mehr gebraucht wird.
Ya te van quedando sólo 40.000 pesetas.	Dann bleiben dir ja nur noch 40.000 Peseten.

Nach *seguir* wird das *Gerundio* gelegentlich auch weggelassen:

¿Sigues (estando) contenta?	Bist du immer noch zufrieden?
Germán sigue (estando) en Madrid.	Germán ist immer noch in Madrid.

12.2

In Verbindung mit dem Verb des Hauptsatzes kann das *Gerundio* verschiedene Beziehungen zwischen zwei Handlungen ausdrücken:

Inés ahorra mucho comprando en el supermercado.	Inés spart viel, indem sie ...
Se despidió riendo.	Sie verabschiedete sich lachend.
Siendo extranjera tiene algunas ventajas/desventajas.	Dadurch, daß sie Ausländerin ist, hat sie einige Vorteile/Nachteile.

13 Der Infinitiv

Der Infinitiv ist die häufigste Form der meisten Verben, da er u. a. nach den sehr häufig gebrauchten Modalverben steht:

quiere saberlo	er will es wissen	tiene que saberlo	er muß es wissen
debe saberlo	er muß es (eigentlich) wissen	puede saberlo	er kann es wissen
		hay que saberlo	man muß es wissen

13.1

Das Spanische hat mehr Möglichkeiten als das Deutsche, mit *Präposition + Inf.* Nebensätze zu verkürzen:

para saberlo	um es zu erfahren
antes de saberlo	bevor er es erfährt/erfuhr
después de saberlo	nachdem er es erfahren hat/hatte
sin saberlo	ohne es zu wissen
por no saberlo	weil er es nicht weiß/wußte
al saberlo	in dem Moment, in dem er es erfährt/erfuhr

Dabei ist das Subjekt beider Handlungen (im Hauptsatz und verkürzten Nebensatz) normalerweise ein und dieselbe Person:

Pepe no lo hará antes de preguntarme a mí.	Pepe wird es nicht tun, bevor er mich gefragt hat.

13.2

In manchen Fällen kann der so verkürzte Nebensatz sogar ein eigenes Subjekt haben, das dann *nach* dem Infinitiv genannt wird:

Al finalizar este siglo, la mitad de los católicos vivirán en América Latina.	Wenn dieses Jahrhundert zu Ende geht, wird die Hälfte der Katholiken in Lateinamerika leben.
Mi hermano murió antes de nacer yo.	Mein Bruder starb, bevor ich geboren wurde.

13.3

¿Cómo explicarlo?	Wie soll man das erklären?
¿Qué hacer?	Was sollen/können wir tun?
No sé adónde ir ni a quién preguntar.	Ich weiß nicht, wohin ich gehen und wen ich fragen kann/könnte/soll.

In (meist kurzen) Fragesätzen fällt gelegentlich das Modalverb weg.

14 Die Verwendung der Zeiten der Vergangenheit

14.1

Pretérito imperfecto und Pretérito pluscuamperfecto

Inés compraba en el supermercado, su vecina prefería las pequeñas tiendas. Mi hermano era mayor que yo.	Die Beispiele nennen nicht konkrete Handlungen eines bestimmten Tages, sondern sprechen von Gewohnheiten oder Gegebenheiten. (Frage: Wie war die allgemeine Situation? Was tat jemand normalerweise? Wie war er normalerweise?)

Das *Pret. pluscuamperfecto* (Vorvergangenheit) wird wie im Deutschen verwendet:

Ya me había acostado cuando llamó mi hermano.	Ich war schon ins Bett gegangen, als mein Bruder anrief.

Das *Pret. pluscuamperfecto* (Vorvergangenheit) wird wie im Deutschen verwendet:

Ya me había acostado cuando llamó mi hermano.	Ich war schon ins Bett gegangen, als mein Bruder anrief.

14.2
Pretérito imperfecto und Pretérito perfecto simple

Le conocí cuando estudiábamos los dos.	Ich lernte ihn kennen, als wir beide studierten.
Salí bastante temprano porque la fiesta no me gustaba nada.	Ich ging ziemlich bald weg, weil mir das Fest überhaupt nicht gefiel.
Estábamos en la playa, pero de repente empezó a llover.	Wir waren am Strand, aber plötzlich fing es zu regnen an.

Das *Pretérito imperfecto* erzählt,
- vor welchem Hintergrund
- unter welchen Voraussetzungen
- mit welcher Begründung, usw.

jemand etwas tat oder sich etwas ereignete.

Das *Pretérito perfecto simple*
- nennt die eigentliche Handlung,
- die einen erkennbaren Beginn
- und ein Ende in der Vergangenheit hat.

Die Dauer dieser Handlung spielt dabei keine Rolle.

So ergeben sich bei einigen Verben – vom Deutschen aus gesehen – **Bedeutungsunterschiede:**

Tenía un niño.	Sie hatte ein Kind. (Gegebenheit)
Tuvo un niño.	Sie bekam ein Kind. (Ereignis)
Sabía que yo era extranjero.	Sie wußte, daß ich Ausländer bin.
Eso lo supo por un telegrama.	Das erfuhr er durch ein Telegramm.
Yo no la conocía.	Ich kannte sie (noch) nicht.
La conocí el año pasado.	Ich lernte sie vergangenes Jahr kennen.

14.3
Pretérito perfecto

Le he visto hoy (esta semana, hace poco, etc.) Los incas, mayas y aztecas han dejado numerosos monumentos. Nuestro pueblo ha mostrado que puede obtener sus justas reivindicaciones. ¿Qué puestos de trabajo has tenido hasta ahora?	Das *Pretérito perfecto* besagt, daß die Handlung oder das Ereignis in einem Zeitraum stattfand, der noch als Gegenwart empfunden werden kann (esta mañana, esta tarde, este año), oder es besagt, daß die Auswirkung noch für die Gegenwart wichtig ist (desde entonces, hasta ahora).

15 Die indirekte Rede und die Regeln der Zeitenfolge

Dice (Dijo):

- Voy a Roma.	Dice (ha dicho, dirá, diría) que va a Roma. Dijo (decía, había dicho) que iba a Roma.
- Iré solo.	Dice que irá solo. Dijo que iría solo.
- Siempre lo quería hacer.	Dice que siempre lo quería hacer. Dijo que siempre lo quería hacer (o: que siempre lo había querido hacer).
- Ya he reservado hotel.	Dice que ya ha reservado hotel. Dijo que ya había reservado hotel.
- Llamé por teléfono.	Dice que llamó por teléfono. Dijo que había llamado por teléfono (o: que llamó por teléfono).
- Me habían dado el número.	Dice que le habían dado el número. Dijo que le habían dado el número.
- Me gustaría ir contigo.	Dice que le gustaría ir conmigo (o: que le hubiera gustado ir conmigo).
- Me hubiera gustado ir con alguien.	Dice que le hubiera gustado ir con alguien. Dijo que le hubiera gustado ir con alguien.

- Im Deutschen kann die indirekte Rede im Konjunktiv stehen (Er sagte, er fahre nach Rom), im Spanischen steht *que + Indicativo.*
- Im Deutschen ist die Zeit des einleitenden Verbs unwichtig, im Spanischen bestimmt sie die Zeit des Nebensatzes:

Nach einer «Gegenwartszeit» *(Presente, Perfecto compuesto, Futuro, Condicional)* bleibt die Zeit der Originalaussage unverändert.

Nach einer «Vergangenheitszeit» *(Pret. perfecto simple, Pret. imperfecto, Pret. pluscuamperfecto)* wird

Presente zu Pretérito imperfecto:	Dice que va. Dijo que iba. Dice que no tiene tiempo. Dijo que no tenía tiempo.
Futuro zu *Condicional:*	Dice que irá. Dijo que iría. Dice que comprará un coche. Dijo que compraría un coche.
Pret. perf. zu *Pret. pluscuamperfecto:*	Dice que ha ido. Dijo que había ido. Dice que le ha gustado. Dijo que le había gustado.

Das gleiche Prinzip gilt für Imperativo bzw. Subjuntivo (Gr. 16.9):

- Ven.	Dice que vengas. Dijo que vinieras.

16 Die Verwendung des Subjuntivo

Subjuntivo steht nach einer größeren Zahl von Verben und unpersönlichen Ausdrücken. Sie lassen sich nach gemeinsamen Gesichtspunkten einteilen. Wir geben für die wichtigsten Fälle bzw. Regeln einige Beispiele.

16.1

Quiero que venga.	Ich will, daß er kommt.
Le he dicho que venga.	Ich habe ihm gesagt, daß er kommen soll. (Meine Bitte oder der Auftrag eines Dritten).
Le he advertido que no vaya.	Ich habe ihn davor gewarnt hinzufahren.

Nach Ausdrücken des **Wunsches** steht *Subjuntivo.* Hierzu gehören auch Ausdrücke des Erlaubens und Verbietens:

aconsejar	anraten	pedir	bitten
advertir que no	warnen	permitir	erlauben
conseguir	(es) erreichen	preferir	(es) vorziehen
decir	(Wunsch) sagen	prohibir	verbieten
escribir	(Wunsch) schreiben	proponer	vorschlagen
evitar	vermeiden	querer	wollen
impedir	verhindern	recomendar	empfehlen
insistir	drängen	rogar	bitten
lograr	es erreichen		

Beachten Sie:

He conseguido comprar entradas.	Es ist mir gelungen, (selbst) Karten zu kaufen.
He conseguido que compre entradas.	Ich habe es erreicht, daß *er* Karten kauft.

16.2

Me alegro que venga.	Ich freue mich, daß er kommt.
Espero que venga.	Ich hoffe, daß er kommt.
Temo que no pueda venir.	Ich fürchte, daß er nicht kommen kann.
Siento que no haya venido.	Tut mir leid, daß er nicht gekommen ist.
Perdone que le haya hecho esperar.	Entschuldigen Sie, daß ich Sie habe warten lassen.
Le agradezco mucho que haya venido.	Ich bin Ihnen dankbar, daß Sie gekommen sind.

Persönliche, oft **gefühlsbetonte Stellungnahmen** erfordern die Verwendung des *Subjuntivo.* Dies gilt nach folgenden Verben:

agradecer	dankbar sein	molestar	stören
alegrarse	sich freuen	perdonar	entschuldigen
deber	verdanken	(me) preocupa	es macht (mir) Sorgen

esperar	hoffen	sentir	leid tun
gustar	gefallen	sorprender	überraschen
lástima que	schade, daß	temer	befürchten

16.3

No creo que venga.	Ich glaube nicht, daß er kommt.
Dudo muchísimo que pueda venir.	Ich bezweifle sehr, daß er kommen kann.

Als Ausdruck des **Bezweifelns** steht *Subjuntivo.* Das gilt aber nicht für Nichtwissen: No sé si viene. Supongo que vendrá. – Ich weiß nicht, ob ... Ich vermute, daß ...

Auch wenn der einleitende Hauptsatz den **Inhalt des Nebensatzes** als **nicht richtig** hinstellt, steht *Subjuntivo:*

- ¿No te gusta la fiesta?
- No digo que no me guste, pero estoy cansado.
- (No es que no me guste, pero estoy cansado).

16.4

Nach **unpersönlichen Ausdrücken** steht *Subjuntivo* im daß-Satz:

Es posible que Vd. tenga razón.	Es ist möglich, daß Sie recht haben.
Es mejor que no lo haga.	Es ist besser, wenn/daß Sie das nicht tun.

Hier die wichtigsten dieser Ausdrücke:

conviene	es ist zweckmäßig	es natural	es ist ganz natürlich
es conveniente	es ist zweckmäßig	es necesario	es ist notwendig
es extraño	es ist seltsam	es posible	es ist möglich
es importante	es ist wichtig	es probable	es ist wahrscheinlich
es imposible	es ist unmöglich	puede ser	es kann sein
es mejor	es ist besser		

Infinitiv steht nach solchen Ausdrücken, wenn eine allgemein gültige Aussage gemacht wird: conviene hacerlo – es ist (für uns alle oder für jeden) sinnvoll, das zu tun.

Einige **Ausnahmen** (Indikativ nach unpersönlichen Ausdrücken):

Es seguro que viene.	Es ist sicher, daß er kommt.
Es evidente que puede haber problemas.	Es ist ganz klar, daß es Probleme geben kann.

Wohl in Anlehnung an «es posible que venga» kann – aber muß nicht – nach *quizás Subjuntivo* stehen:

Quizás vendrá. Quizás venga.	Vielleicht kommt er.
Aber:	
A lo mejor viene.	Vielleicht kommt er.

16.5

Subjuntivo nach einigen Konjunktionen

para que lo sepa Vd.	damit Sie es wissen
sin que se dé cuenta	ohne daß er es merkt

sin que se diera cuenta	ohne daß er es bemerkte
antes que llegue	bevor er ankommt
caso que no venga	für den Fall, daß er nicht kommt
a condición de que me ayude Vd.	unter der Bedingung, daß Sie mir helfen

Nach diesen Konjunktionen **(para que, sin que, antes que** oder **antes de que, caso que, a condición de que)** steht immer *Subjuntivo.*

16.6

Nach **como si** steht *Pret. imperfecto de subjuntivo* (bzw. *hubiera* + Partizip).

Hace como si no supiera nada.	Er tut, als wüßte er nichts.
Era como si no hubiera pasado nada.	Es war, als wäre nichts passiert.

16.7

Subjuntivo im Relativsatz

algo que quite la sed	(Ich brauche) etwas, was den Durst löscht.
un piso que esté en el centro	(Ich suche) eine Wohnung, die im Zentrum liegen soll.

Subjuntivo im Relativsatz: Wunsch, Bedingung, geforderte Eigenschaft.
Indikativ im Relativsatz: Beschreibung bekannter, vorhandener Dinge (Tengo un piso que está en el centro).

Ähnlich wie bei Gr. 16.3 (einleitende Verneinung) gibt es auch *Subjuntivo* im Relativsatz nach dem verneinten Hauptsatz:

Nadie que no sea un idiota puede decir esto.	Niemand, der nicht ein Idiot ist (also «die Bedingung erfüllt», Idiot zu sein), kann das sagen.

16.8

Gebrauch von Indicativo/Subjuntivo nach einigen Konjunktionen (und im Relativsatz)

In den folgenden Beispielen steht jeweils als bekannt fest, was gesagt wird:

cuando viene	immer wenn er kommt
mientras trabajo	während ich arbeite (jetzt oder immer)
hasta que vino él	bis er kam
(tal) como lo dice	so, wie er das sagt
aunque no viene	obwohl er nicht kommt
de modo que no hay problemas	so daß es also keine Probleme gibt
de manera que no hay problemas	so daß es also keine Probleme gibt

Dagegen kommt in den folgenden Beispielen entweder ein Zeitpunkt in der Zukunft ins Spiel (und dadurch vielleicht, aber nicht notwendigerweise, eine gewisse Unsicherheit), oder – im letzten Beispiel – es wird eine Absicht ausgedrückt, etwas zu erreichen: evitaré que haya problemas, conseguiré que no haya problemas. Vgl. Gr. 16.1

cuando venga	wenn/sobald er kommt
mientras siga trabajando	solange ich noch weiterarbeite
hasta que venga él	bis er kommt
Lo haremos como Vd. diga/quiera.	Wir werden es machen, wie Sie es uns sagen (werden)/wie Sie wollen.
Aunque no venga él lo haremos.	Selbst wenn er nicht kommt (was wir noch nicht wissen), werden wir es machen.
Lo haré de forma que no haya problema.	Ich werde es schon so machen, daß es kein Problem gibt.

Bei **aunque** ist die Grenze fließend:

aunque no viene	obwohl er (sicher) nicht kommt
aunque no venga	obwohl er (sicher) nicht kommt, (was ich mit Bedauern zugeben muß) oder: selbst wenn er (vielleicht) nicht kommt

Erinnern Sie sich auch an die höflichen Formeln:

cuando quiera Vd.	jederzeit, wann Sie wollen
como quiera	ganz wie Sie wollen
lo que quiera	was Sie wollen

16.9

Subjuntivo in der Zeitenfolge

Für *Subjuntivo* gelten die gleichen Regeln der Zeitenfolge wie für den Indikativ. Vgl. Gr. 15.

Quiero que vaya Vd.	Ich will, daß Sie hinfahren.
No me sorprende que tuvieran problemas.	Es überrascht mich nicht, daß sie Probleme hatten.
Quería que Vd. fuera.	Ich wollte, daß Sie hinfahren.

Hierzu gehört auch das wichtige Schema des Bedingungssatzes:

Me alegraría mucho si viniera.	Ich würde mich sehr freuen, wenn Sie kämen.
Sería absurdo si/que no lo hiciera.	Es wäre unsinnig, wenn er es nicht täte.
Me gustaría que hiciéramos algo juntos esta tarde.	Ich würde mich freuen, wenn wir heute nachmittag etwas zusammen unternehmen könnten.

Beachten Sie: Im spanischen Hauptsatz steht hier *Condicional,* im Nebensatz *Pretérito imperfecto de subjuntivo* bzw. *Pret. pluscuamperfecto de subjuntivo.* (Im Deutschen werden die Formen unterschiedlich verwendet.) Bei den zusammengesetzten Zeiten aber steht meist auch im Hauptsatz **hubiera** (vgl. Gr. 5.2), im Nebensatz **hubiera/hubiese:**

Si lo hubiera/hubiese sabido,	Wenn ich das gewußt hätte,
me hubiera quedado.	wäre ich geblieben.
Si le hubiésemos/hubiéramos invitado, hubiera venido.	Wenn wir ihn eingeladen hätten, wäre er gekommen.

II. Artikel und Substantiv

17

Wir erinnern Sie ohne Kommentar an die wichtigsten Verwendungen der Artikel:

lo primero, lo importante, lo bonito, etc.

unos amigos = algunos amigos

unos 50 metros = 50 metros, más o menos

el 50 por ciento, un tanto por ciento

la hora: es la una, son las dos, son las tres . . .

el señor Domínguez, la señora García, el profesor Padilla

jugar al fútbol, tocar la guitarra

tener los ojos azules, tener el pelo corto

todo el día – todos los días

Wegfall des Artikels:	ir en tren
otro señor	tener coche
otro café (un café más)	tener novio/novia/familia
media hora	

17.1

He invitado a Pedro.	Ich habe Pedro eingeladen.
Estoy buscando a un secretario que tiene los documentos que necesito mañana.	Ich suche einen (bestimmten) Sekretär, der (wie ich weiß) die Dokumente hat, die ich morgen brauche.

Der Akkusativ der Person (wen?) wird mit der Präposition *a* angezeigt.
Wenn die betreffende Person aber erst als *Wunschvorstellung* vorhanden ist – also vor allem nach den Verben *buscar* und *necesitar* –, entfällt die Präposition *a*:

Necesito una secretaria.	Ich brauche eine Sekretärin.
Busco un secretario inteligente.	Ich suche einen intelligenten Sekretär.

17.2

Der Artikel steht häufig auch als Pronomen:

los periódicos de Madrid y **los** (periódicos) **de** provincias	die Zeitungen von Madrid und die der Provinz
lo de la fruta (la cosa/el asunto de)	die Sache mit dem Obst
lo de ayer	die Sache von gestern

17.3

Wichtige Verwendungen von *lo* mit Adverbien:

Hemos hablado lo suficientemente (como) para conocernos. — Wir haben ausreichend geredet, um uns kennenzulernen.

lo más rápidamente posible Gr. 18.7 — so schnell wie möglich

17.4

Substantive, die auf betontes a- oder ha- beginnen, haben in der Einzahl männlichen Artikel, auch wenn sie weiblich sind:

el ama de casa, un ama de casa - aber: las amas de casa

el hambre - aber: Tengo mucha hambre.

III. Adjektiv und Adverb, Steigerung und Vergleich

18

Verkürzte Adjektive

un buen amigo	algún día	el primer día	un gran coche Gr. 18.1
mal tiempo	ningún libro	el tercer día	una gran casa Gr. 18.1

Gleichheit, Ungleichheit, Entwicklung:

tan bonito como	so schön wie
tanto dinero como	soviel Geld wie
más bonito que	schöner als
más/menos dinero que	mehr/weniger Geld als
cada vez más caro/cada día más caro	immer teurer
cuatro veces mayor	viermal so groß (!)

Höchster Grad, Superlativ:

el más bonito de todos	der schönste von allen
el menos caro de todos	der billigste (wenigst teure)
el mejor/el peor	der beste/schlechteste

18.1

Die Stellung von **grande** kann die Bedeutung verändern:

un coche grande	ein großes, geräumiges Auto
un gran coche	ein großartiges Auto
un gran hombre	ein (charakterlich, geistig) großer Mann

18.2

Pepe es el mayor de los hermanos.	Pepe ist der älteste der Brüder.
Juan es el menor.	Juan ist der jüngste.

Pepe ya es mayor de edad.	Pepe ist schon volljährig.
Juan es menor de edad.	Juan ist minderjährig.
el problema más grande/el mayor problema	das größte Problem

mayor und **menor** haben, auf Personen bezogen, besondere Bedeutungen. Sie werden im übertragenen Sinn auch statt *más grande/más pequeño* und ähnlichen Ausdrücken verwendet.

18.3

el periódico que más se vende	die Zeitung, die am meisten verkauft wird
lo que más hago de momento (Gr. 23.2)	was ich zur Zeit am meisten mache
lo que más me gusta	was mir am besten gefällt

Der **Superlativ des Adverbs** besteht nicht als eigene Form. Die betonte Wirkung wird durch die Stellung im Relativsatz erzeugt.

18.4

Paco tiene más de 50 años.	Paco ist über 50.
Pepe no tiene más que 30 años.	Pepe ist erst 30.
Más de la mitad no vinieron.	Über die Hälfte kam nicht.

Vor Zahlwörtern steht **más de.** Ausnahme: *no más que + Zahl* = nur.

18.5

Me han pagado más de lo que esperaba.	Sie haben mir mehr bezahlt, als ich erwartete.
He tenido que esperar menos de lo que había pensado.	Ich habe weniger warten müssen, als ich gedacht hatte.

Wird nach *más/menos* der Vergleich mit einem ganzen Satz (also einem eigenen Verb) zu Ende geführt, so steht **más de lo que/menos de lo que + Verb.**

18.6

Normalmente voy a casa después del trabajo.	normalerweise
Evidentemente no ha pasado nada.	offensichtlich
Rápidamente, ya es tarde.	schnell!
De momento trabajo intensamente.	intensiv

Aus der weiblichen Adjektivform wird das Adverb mit **-mente** gebildet.

Gelegentlich werden auch Adjektive statt Adverbien verwendet:

Trabaja muy rápido.	Er arbeitet (und ist) schnell.
De momento, la fábrica trabaja normal.	Die Fabrik arbeitet ganz normal.
Me esuchó tranquilo.	Er hörte mir ruhig zu.

Statt *recientemente* steht vor Partizipien *recién:*

un libro recién publicado	ein kürzlich veröffentlichtes Buch
el niño recién nacido	das Neugeborene

In manchen lateinamerikanischen Ländern ist *recién* gleichbedeutend mit *sólo:*

Llegué recién ayer.	Ich kam erst gestern an.

18.7

Tenemos que salir **lo más rápidamente posible.**	Wir müssen so schnell wie möglich abreisen.
lo más pronto posible/cuanto antes	so bald wie möglich
un silla lo más cómoda posible	einen möglichst bequemen Stuhl

Diese Konstruktion ist bei Adverbien häufig, aber auch bei Adjektiven möglich.

18.8

Pepe tiene la misma edad que yo.	Pepe hat das gleiche Alter wie ich.
Trabaja igual que yo.	Er arbeitet genauso wie ich.
Gana lo mismo que yo.	Er verdient dasselbe wie ich.

Obwohl Gleichheit ausgedrückt wird, steht *que* nach *mismo* und *igual.*

IV. Zahlwörter

19 Zur Wiederholung

uno, dos, tres . . .
once, doce, trece, catorce, quince, dieciséis, diecisiete, dieciocho, diecinueve,
veinte, treinta, cuarenta, cincuenta, sesenta, setenta, ochenta, noventa, cien
veintiuno, veintidós, veintitrés, . . . treinta y uno, treinta y dos . . .
ciento uno, ciento dos, . . .
mil
un millón (de habitantes)

19.1

Veränderlich (männlich/weiblich) sind: alle Hunderter und *uno.*

doscientos pesos	**doscientas pesetas**	**veintiuna pesetas**
quinientos	quinientas	veintiún pesos
setecientos	setecientas	treinta y una pesetas
novecientos	novecientas	treinta y un pesos

19.2

Hoy es el 13 (trece) de febrero de 1984 (mil novecientos ochenta y cuatro).
Mañana es el primero de mayo. (Mañana es el día uno de mayo.)
Yo nací en 1950.
Das **Datum** wird mit Ausnahme des Monatsersten mit der Grundzahl angegeben.
Jahreszahlen werden mit *en* genannt.

19.3

1°	el primero	6°	el sexto
2°	el segundo	7°	el séptimo
3°	el tercero	8°	el octavo
4°	el cuarto	9°	el noveno
5°	el quinto	10°	el décimo

Ordnungszahlen werden in der Regel nur bis 10. gebraucht (außer beim Datum, vgl. Gr. 19.2), dann treten die Grundzahlen ein.

el segundo piso	der 2. Stock
el piso once	das 11. Stockwerk
la tercera parte	ein Drittel, der dritte Teil
La primera ciudad gallega es Buenos Aires.	Die größte galizische Stadt ist (bevölkerungsmäßig) Buenos Aires.
El cuarto país con mayor número de alcohólicos es ...	Das Land mit der vierthöchsten Zahl von Alkoholikern ist ...

V. Personalpronomen

20 Wiederholung der Formen

me, te, lo/le, la, nos, os, los, las, se invitan	(Akkusativ: wen?)
me, te, le, nos, os, les han escrito	(Dativ: wem?)
yo, tú, él, ella, nosotros, vosotros, ellos, ellas	(Nominativ: wer?)

para mí, para ti, para él ... – **conmigo, contigo,** con él
me llevo algo, te llevas algo, **se lleva algo** (lleva algo **consigo)**

el café:	me lo traen, te lo traen,	**se lo traen** (a él/ella/ellos/ellas/Vd./Vds.)
la carta:	me la traen, te la traen,	**se la traen**
los libros:		**se los traen**
las cosas:		**se las traen**

20.1

Zur Erinnerung an die verschiedenen Stellungen:

Me compro un coche.	• vor dem konjugierten Verb
No se lo diga.	• vor dem verneinten Imperativ
Quiero **comprármelo.**	• angehängt an den Infinitiv
Sonreía **diciéndome** que le gustaba.	• angehängt an das Gerundio
Dígamelo.	• angehängt an den bejahten Imperativ

20.2

Das Pronomen wird im Spanischen in vielen Fällen gebraucht, in denen auch das entsprechende Substantiv (oder Pronomen) selbst im Satz erscheint.

Esto no **lo** has preparado bien.	• betonte Voranstellung des Akkusativs
No sé qué **le pasa a Carmen.**	• Dativ der Person
Ahorraba el dinero para **mandárselo a su hijo.**	
Lo iluminan **todo.**	• In Verbindung mit todo (Akkusativ).

20.3

In der Verbindung *lo es* bezieht sich *lo* auf Substantive und Adjektive. (*lo* ist dann selbst ein Nominativ!)

¿Es un buen padre? – Lo es.	Ist er ein guter Vater? Ja, das ist er.
¿Es contagiosa la enfermedad? – Sí, lo es.	Ist die Krankheit ansteckend? Ja, das ist sie.
¿Es limpio el hotel? Parece serlo.	Ist das Hotel sauber? Ja, das scheint es zu sein.

VI. Possessivpronomen

21 Zur Erinnerung an die Formen

mi casa, tu casa, su casa, nuestra casa, vuestra casa, su casa
un amigo mío, tuyo, suyo, nuestro, vuestro, suyo – una amiga mía, etc.
Este libro es mío. Me pertenece a mí.
Esta revista es la mía. La suya está allí.

VII. Demonstrativpronomen

22 Zur Erinnerung an die Formen

este libro	ese libro	aquel libro	**este:**
estos libros	esos libros	aquellos libros	mit enger Verbindung zum Sprecher
esta casa	esa casa	aquella casa	
estas casas	esas casas	aquellas casas	**ese:** näher dem Angesprochenen
éste	ése	aquél	
etc.	etc.	etc.	**aquel:** weiter entfernt (auch in zeitlicher Vergangenheit)
esto	eso	aquello	
todo esto	todo eso	todo aquello	

VIII. Relativpronomen

23

Das häufigste und einfachste Relativpronomen ist **que:** el libro que está allí, el libro que he comprado, etc.
Es wird auch nach den kurzen Präpositionen *a, en* und *con* häufig gebraucht:

la casa a que me refiero	das Haus, von dem ich spreche
la casa en que vivo	das Haus, in dem ich wohne
el libro con que trabajamos	das Buch, mit dem wir arbeiten

Für Personen steht häufig **quien:**

el señor con quien hablé	der Herr, mit dem ich sprach
el señor de quien hablo	der Herr, von dem ich spreche

23.1
In der Regel werden **nach Präpositionen** die gewichtigeren (mehrsilbigen) Formen des Relativpronomens gebraucht:

el que	los que	la que	las que
el cual	los cuales	la cual	las cuales

el examen para el que/el cual se está preparando	das Examen, auf das ...
la casa delante de la cual aparcamos	das Haus, vor dem ...

23.2
Das Relativpronomen **lo que** bezieht sich auf einen vorangehenden oder nachfolgenden Inhalt:

Me vinieron a buscar a la estación, lo que yo no había esperado.	Sie holten mich am Bahnhof ab, was ich nicht erwartet hatte.
Lo que yo no sé es si viene o no.	Was ich nicht weiß ist, ob er kommt.
Lo que a mí me interesa más es lo siguiente: ... (Gr. 18.3)	Was mich am meisten interessiert, ist folgendes: ...

Es steht in Verbindung mit neutralen Pronomina (esto, todo):

Esto es lo que quiero saber.	Das ist es, was ich wissen will.
Todo lo que dices son tonterías.	Alles, was du sagst, ist Unsinn.

lo cual bezieht sich auf einen vorangehenden Inhalt:

Se murieron muchos indios, por lo cual los españoles trajeron negros a Cuba.	Es starben viele Indios, weshalb die Spanier Neger nach Cuba brachten.

23.3
Das Relativpronomen **cuyo** gibt Besitz oder Zugehörigkeitsverhältnisse an. Als Adjektiv richtet es sich in seiner Endung nach dem folgenden Substantiv (und nicht nach dem «Besitzer»):

un señor cuya única preocupación es su salud — ein Herr, dessen einzige Sorge seine Gesundheit ist

una señora a cuyo hijo operaron hace poco — eine Dame, deren Sohn sie kürzlich operiert haben

IX. Indefinites Pronomen

24

Diese Pronomen - *algo, nada, alguien, nadie,* usw. - sind so häufig, daß wir sie hier nicht als komplettes Schema wiederholen.

Se ayudan unos a otros. — Sie helfen einander.

Se odian los unos a los otros. — Sie hassen sich/einander.

24.1

cada, cada uno, cada cual
- jeder einzelne, praktisch ohne Ausnahme

todos
- alle, insgesamt gesehen (vielleicht auch mal mit einer Ausnahme)

cualquiera
- irgendein x-beliebiger (daher manchmal etwas abfällig gebraucht)
- irgendeiner (ohne nähere Bestimmung, so daß wieder *jeder* in Frage kommt)

Paso cada día por ahí. — Ich komme jeden Tag dort vorbei.

Paso todos los días por ahí. — Ich komme jeden Tag dort vorbei.

Puedo pasar cualquier día, cuando Vd. quiera. — Ich kann jeden Tag vorbeikommen (den Sie mir nennen, gemeint ist aber nicht die Wiederholung, sondern ein einmaliger Besuch).

Esquivel no es un hombre cualquiera. — Esquivel ist nicht einfach irgendwer.

Pero parece un hombre cualquiera. — Er wirkt wie ein ganz gewöhnlicher Mensch.

24.2

Allí **se habla** español. — Dort spricht man spanisch.

Cuando hay un ruido así **se despierta uno.** — Wenn so ein Lärm ist, wacht man auf.

A la edad que **uno tiene** no **se deja** tan fácilmente a los amigos. — Bei dem Alter, das ich habe, gehe ich nicht so einfach von den Freunden weg.

«man» wird im Spanischen ausgedrückt durch
- die reflexive Form (wenn das Verb selbst nicht reflexiv ist)
- *uno* beim reflexiven Verb (und häufig auch bei *tener).*

Mit «man» kann wie im Deutschen auch gelegentlich die Person des Sprechers gemeint sein.

X. Präpositionen

25

Wir verzichten auf eine komplette Darstellung aller Präpositionen, erinnern aber an einige wichtige Fälle:

Ort:	**en**	en casa, en Madrid, en el paquete
	a	a la izquierda, a la derecha, estar sentado a la mesa
Ort + Bewegung:	**por**	pasamos por Madrid, vamos por la calle entramos por detrás
Richtung, Ziel:	**a**	vamos a casa, a Madrid,
	para	el tren para Madrid, salimos para Madrid
Uhrzeit:	**a**	a la una, a las tres (de la tarde)
Tageszeit:	**por**	por la mañana, por la tarde, por la noche
Entfernung:	**a**	a cinco kilómetros de aquí a tres mil metros de altura
zeitl. Entfernung:	**a**	A los seis años (de edad) quería ser artista. La playa está a media hora de aquí.
zeitl. Rückblick:	**desde**	Estamos aquí desde el viernes.
	desde hace	Estamos aquí desde hace una hora.
	hace	hace media hora
charakteristisches Merkmal:	**de**	una chica de 20 años, de pelo rubio

25.1

por hat eine Reihe weiterer Bedeutungen bzw. Funktionen:

Ha sido invitado por alguien.	Er ist von irgend jemand eingeladen worden. (Urheber beim Passiv, vgl. Gr. 8.2)
Lo digo por varios motivos.	Ich sage das aus verschiedenen Gründen.
Lo hago por ella.	Ich mache das ihretwegen.
Lo siento por ella.	Es tut mir ihretwegen leid.
Es un buen escritor, no tanto por su estilo como más bien por sus ideas.	Er . . ., nicht so sehr aufgrund seines Stils, sondern eher wegen seiner Einfälle. (Begründung: wegen)

25.2

la diferencia entre yo y él	der Unterschied *zwischen* mir und ihm
Entre el alcalde y Javier cambiaron el documento.	Der Bürgermeister und Javier veränderten *gemeinsam* das Dokument.

Entre obreros y empleados somos más de 500. — Wenn man Arbeiter und Angestellte *zusammen*rechnet, sind wir über 500.

Entre nosotros hay gente muy divertida. — *Unter* uns sind ganz lustige Leute.

Nach **entre** steht der Nominativ der Personalpronomen (para mí, para ti, entre tú y yo). Die verschiedenen Bedeutungen von *entre* gehen aus den Beispielen hervor.

XI. Konjunktionen

26

Wichtig ist die Wiederholung einiger Konjunktionen wegen der Verwendung von Indikativ/Subjuntivo: Gr. 16.5, 16.8.

26.1

Como vivimos a 30 kilómetros de Madrid, mi marido va en tren. — Eine vorangestellte Begründung wird mit *como* ... eingeleitet.

Va en tren porque sale más barato. — Eine nachgestellte Begründung wird mit ... *porque* eingeleitet.

26.2

comercio e industria	Handel und Industrie
hijos e hijas	Söhne und Töchter
siete u ocho	sieben oder acht
una hora, u hora y media	eine oder anderthalb Stunden

Vor Wörtern, die mit i- oder hi- beginnen, steht **e** statt **y**.
Vor Wörtern, die mit o- oder ho- beginnen, steht **u** statt **o**.

26.3

Me robaron en el coche mientras estábamos comiendo. — ... *während* wir aßen. (Gleichzeitigkeit: mientras)

Mientras llueva tanto es mejor que nos quedemos aquí. (Nos quedaremos aquí hasta que deje de llover). — *Solange* es so stark regnet, ... (Unbestimmte Fortdauer in der Zukunft: mientras + Subjuntivo)

A Carlos sólo le interesan su trabajo y los niños, mientras que a su mujer le gustaría mucho salir un poco más ... — ..., während seine Frau gern öfter ausginge. (Gegensatz: mientras que)

XII. Negation (Verneinung)

27

nadie, ninguno, nada, nunca, tampoco + Verb
no + Verb + nadie, a nadie, nada, nunca, tampoco, ninguno, a ninguno
sin hacer nada, sin hablar con nadie, sin ninguna dificultad, sin preguntar nunca
ni tú ni yo
Vd. ni (siquiera) se entera de lo que pasa
no tengo ni cinco, ni una peseta – no entiendo ni una palabra
no hay nada de nuevo

27.1

Yo no hablo catalán, **sino** sólo español.	Ich spreche nicht Katalanisch, sondern nur Spanisch.
Ahora no sólo se habla catalán en Cataluña, **sino que** también se estudia en las escuelas.	Jetzt wird in Katalonien nicht nur katalanisch gesprochen, sondern es wird auch in den Schulen gelernt.

Folgt ein ganzer Satz (mit eigenem Verb), so steht nicht *sino,* sondern *sino que.*

27.2

Verneinungen müssen in allen Teilen des Satzes fortgesetzt werden:

Nadie ha conquistado nunca a una mujer.	Niemand hat je eine Frau erobert. Nie hat jemand eine Frau erobert.
Muchos trabajan sin llegar nunca a estar fijos en ningún sitio.	Viele arbeiten, ohne je an irgendeiner Stelle fest angestellt zu werden.

27.3

Negationen werden nach *antes que* und nach Superlativen gebraucht:

El llegó antes que nadie.	Er kam früher als alle anderen.
En España se vive mejor que en ningún lado.	In Spanien lebt man besser als irgendwo anders.

27.4

Als Verneinung werden die Ausdrücke *en absoluto* und *en la vida* gebraucht:

(No me molesta) en absoluto.	(Das stört mich) überhaupt nicht.
Este, en la vida ha hecho todo lo que dice.	Der, der hat nie im Leben alles das gemacht, was er sagt.

Verzeichnis der systematischen Übungen zu grammatischen Strukturen

In der gleichen Reihenfolge wie in der *Grammatik im Überblick* werden die Übungen genannt, die besonders einzelne grammatische Fragen betreffen. (Übung 20.13 heißt: Übung 13 zu Text 20.)

Grammatik im Überblick		**Übungen**
Gr. 1	Formen des Pres. de indicativo und Pres. de subjuntivo	Vgl. alle Übungen in Gr. 16 (mit Ausnahme von Gr. 16.9)
Gr. 1.2	Verbengruppe sentir	84.4
Gr. 1.5	Verbengruppe servir	84.3
Gr. 1.7	Verbengruppe -cer/-ducir	68.5
Gr. 2.1	Gerundio, unregelm. Formen	74.3
Gr. 4	Formen des Imperativo	22.2, 62.1, 62.2, 87.3, 88.7
Gr. 5	Formen des Futuro und Condicional	28.3, 29.10, 29.11, 80.4
Gr. 6	Formen des Pret. perfecto simple	Vgl. alle Übungen in Gr. 14.2, sowie 84.3, 84.4, 86.4
Gr. 6.1–2	Unregelm. Formen	
Gr. 7	Formen des Pret. imperfecto	Vgl. alle Übungen in Gr. 14.1. und 14.2
Gr. 8	Formen des Passivs	12.3, 17.4, 38.5
Gr. 9	Verben mit/ohne folgende Präpos.	3.5, 37.3, 91.2
Gr. 11	ser : estar	13.5, 39.3, 46.4, 51.4
Gr. 12	Verwendung des Gerundio	1.4, 20.4, 31.3, 32.2, 38.4, 54.3, 98.8, 99.3
Gr. 13	Verwendungen des Infinitivs	89.6, 91.3
Gr. 14	Verwendung der Vergangenheiten	(vermischt:) 29.2, 88.5
Gr. 14.1	Verwendung des Pret. imperfecto	59.3
Gr. 14.2	Verwendung des Pret. imperfecto und des Pret. perfecto simple	7.4, 16.5, 16.6, 29.3, 46.5, 88.2, 91.6, 97.2, 99.1
Gr. 15	Die Regeln der Zeitenfolge	3.4, 39.1, 49.2, 97.2 Vgl. die Übungen zu Gr. 16.9
Gr. 16	Verwendungen des Subjunt./Ind.	(vermischt:) 52.5, 82.3, 98.7

	Subjuntivo	
Gr. 16.1	nach Ausdrücken des Wünschens	7.3, 13.2, 38.6, 57.3, 57.6, 64.2, 87.4, 98.4
Gr. 16.2	nach Ausdrücken des Gefühls	43.3
Gr. 16.3	nach Ausdrücken des Bezweifelns	37.4, 38.2, 68.6, 89.2, 90.4
Gr. 16.4	nach unpersönl. Ausdrücken	10.7, 20.5, 20.6, 29.5, 80.4
Gr. 16.5	nach bestimmten Konjunktionen	26.4, 84.5, 86.5
Gr. 16.6	nach como si	26.5, 50.4, 81.4, 81.6
	Indikativ oder Subjuntivo	
Gr. 16.7	im Relativsatz	1.5, 1.6, 26.6, 46.2, 69.5, 82.2, 88.3, 88.8, 96.2, 98.3, 98.5
Gr. 16.8	nach einigen Konjunktionen	20.13, 20.14, 22.3, 23.4, 23.8, 37.2, 38.4, 75.2, 82.4, 90.3
Gr. 16.9	Subjuntivo in der Zeitenfolge (einschl. Bedingungssatz)	9.3, 16.2, 26.2, 26.4, 28.3, 29.5, 29.10, 29.11, 43.3, 49.2, 57.6, 84.5, 86.2, 86.5
Gr. 17.2	Der Artikel als Pronomen	3.3
Gr. 18	Steigerung und Vergleich	42.3, 69.3
Gr. 18.3	Superlativ des Adverbs	10.3, 15.4, 20.7, 88.4, 89.5
Gr. 18.4	más de/no más que vor Zahlwort	73.2, 73.3
Gr. 18.6	Adverbien auf -mente	3.2
Gr. 19.3	Ordnungszahlen	10.4
Gr. 20.1	Stellung des Personalpronomens	62.2, 91.7
Gr. 23.1	Relativpronomen	20.12, 29.4, 43.2, 64.3, 80.2, 81.3, 85.2
Gr. 23.2	lo que	1.2 (Vgl. die Übungen zu Gr. 18.3)
Gr. 23.3	cuyo	13.4, 69.2, 90.2
Gr. 24	Das indefinite Pronomen	13.3, 39.6, 63.2
Gr. 25	Präpositionen	51.3, 51.5, 52.3, 57.2, 98.7
Gr. 26	Konjunktionen	47.2, 68.3 sowie die Übungen zu Gr. 16.5, Gr. 16.6, Gr. 16.8
Gr. 27	Die Negation	7.6, 29.9, 50.3, 52.3, 97.1, 99.2

Quellenverzeichnis

S. 7: Foto-present, Essen; *S. 9:* L. Magán/Cover Foto, Madrid; *S. 17:* aus „Historia Universal de las Exploraciones II"; *S. 19:* Kodex von Tudela, Museo de América, Madrid; *S. 27:* S. Casals/Cover Foto, Madrid; *S. 28:* J.Q. Solsona, Madrid; *S. 30:* „Mafalda" v. Quino, © Quipos s.r.l., Mailand; *S. 39:* The Image Bank/J. Schmidt; *S. 44:* Foto dpa; *S. 49:* Cover Foto, Madrid; *S. 51:* Radtke/Foto-present, Essen; *S. 55:* Christoph/Foto-present, Essen; *S. 61, 62, 63:* A. Bornheimer, Neukeferloh; *S. 70:* Bildagentur Prenzel, Gröbenzell; *S. 71:* R. Villagraz/Cover Foto, Madrid; *S. 73:* Moosbrugger/Foto-present, Essen; *S. 79:* Süddeutscher Verlag, München; *S. 83 oben:* KNA-Bild, Frankfurt; *S. 83 unten:* J. Klingshirn-Köhler, München; *S. 84:* Agencia EFE, Madrid; *S. 85:* S. Casals/Cover Foto, Madrid; *S. 87:* L. Magán/Cover Foto, Madrid; *S. 90:* M. Vollmer, Essen; *S. 93:* S. Dalí, „Carmen und Don José fliehen"; *S. 95:* E. Stiefenhofer, Ismaning; *S. 98:* Bildagentur Prenzel, Gröbenzell; *S. 100:* H. Kanus/Geopress, München; *S. 101:* X. Lobato/Cover Foto, Madrid; *S. 103:* Bildagentur Mauritius, Mittenwald; *S. 108:* Bildagentur Prenzel, Gröbenzell; *S. 110:* Keystone, Hamburg; *S. 111:* I. de Avellán, München; *S. 119:* Bildagentur Prenzel, Gröbenzell; *S. 121:* Herzog/Foto-present, Essen; *S. 123:* L. Magán/Cover Foto, Madrid; *S. 125:* Herzog/Foto-present, Essen; *S. 127:* K. Krall, München; *S. 133:* H. Kanus/Geopress, München; *S. 135:* Bildagentur Prenzel, Gröbenzell; *S. 137:* ZEFA, Düsseldorf; *S. 139:* A. Firro/Cover Foto, Madrid; *S. 145:* B. Klemm, Frankfurt; *S. 152:* V-Dia Agentur, Heidelberg; *S. 153:* L. Magán/Cover Foto, Madrid; *S. 154:* Süddeutscher Verlag, München; *S. 165:* B. Klemm, Frankfurt; *S. 174, 177:* K. Rose, Iserlohn; *S. 179:* R. Steiger, Germering; *S. 181:* J.Q. Solsona, Madrid; *S. 189:* Foto dpa; *S. 196:* C. Romeu, Barcelona.

Zum Lehrwerk „Temas – Un curso para avanzados“ stehen als wichtige Lernhilfen folgende Begleitmaterialien zur Verfügung:

„Temas – Vocabulario“ (Hueber-Nr. 2.4055)
Sie finden im „Vocabulario“ den Wortschatz der 20 Unidades von „Temas“ in der Reihenfolge der Texte. Den spanischen Wörtern und Redewendungen ist die deutsche Entsprechung beigegeben, wie sie sich aus dem Textzusammenhang ergibt. Zusätzliche Gedächtnisstützen wie Hinweise auf abgeleitete Wörter, sinnverwandte Wörter, den Infinitiv oder unregelmäßige Formen von Verben etc. erleichtern das Lernen zu Hause.

„Temas – Tonträger“
2 Compact-Cassetten, Laufzeit 111 Min. (Hueber-Nr. 4.4055)
Sie enthalten:
- alle Dialoge, die im Lehrbuch „Temas“ mit dem Tonbandzeichen versehen sind sowie
- alle Dialoge zu den Übungen des vorliegenden Arbeitsbuches, die mit dem Symbol *Comprender* gekennzeichnet sind.

Während die Aufnahmen der *Lehrbuchdialoge* die Aufgabe haben, Sie mit unterschiedlichen Stimmen und mit Varianten der spanischen Sprache vertraut zu machen – wir haben mit Sprechern aus verschiedenen Teilen Spaniens und Lateinamerikas gearbeitet – dienen die *Dialoge zu den Übungen* der Auseinandersetzung mit dem unbekannten Text: die jeweiligen Texte erscheinen nicht gedruckt im Buch, so daß eine echte Schulung des Hörverständnisses gewährleistet ist. Hören Sie sich die Texte so oft an, bis Sie glauben, die wesentlichen Informationen verstanden zu haben und in der Lage zu sein, die dazugehörigen Fragen im Arbeitsbuch zu beantworten.

Max Hueber Verlag · München